에드워드 사이드 선집
02

저항의
인문
학

국립중앙도서관 출판시도서목록(CIP)

저항의 인문학 : 인문주의와 민주적 비판/
에드워드 W. 사이드 지음 ; 김정하 옮김.
-- 개정판. -- 서울 : 마티, 2012
p.200 ; 152×210mm
(에드워드 사이드 선집 ; 02)

원표제: Humanism & democratic criticism
영어 원작을 한국어로 번역
ISBN 978-89-92053-69-3 94100 : ₩15000
ISBN 978-89-92053-50-1 (세트)

인문 과학[人文科學]
134-KDC5
144-DDC21
CIP2012004633

에드워드 사이드 선집
02

저항의 인문학

Humanism &
Democratic Criticism

: 인문주의와 민주적 비판

에드워드 사이드 지음
김정하 옮김

차례

서문	6
들어가는 글	12
1 인문주의의 영역	17
2 인문학 연구와 실천의 변화하는 토대	53
3 문헌학으로의 회귀	85
4 에리히 아우어바흐의 『미메시스』	119
5 작가와 지식인의 공적 역할	159
참고문헌	190
옮긴이의 글	194
찾아보기	197

서문

에드워드 사이드의 지적 유산은 무엇보다 정치적이라 할 수 있다. 대중의 상상 속에서도 그렇고 학문적 연구의 시선 속에서도 그렇다. 그가 위대한 정치적 용기를 가졌으며, 팔레스타인 해방을 위해 거듭 용감한 가슴을 아프게 열어보였고, 널리 알려졌고 익숙한 그의 저작들이 이러한 정치적 주제나 투쟁과 지적으로 연결되어 있었고, 이러한 이야기들이 정치적 극화라는 강렬함을 지닌 글로 종종 표현되었던 것을 떠올려볼 때, 그가 남긴 지적 유산은 분명 정치적인 것이다.

피할 수 없는 일이었고 어쩌면 그럴 수밖에 없는 일이었을 것이다. 그러나 우리 앞에 놓인, 그가 마지막으로 남긴 이 책은 에드워드 사이드의 인문주의라는 보다 폭넓은 철학적 맥락 속에 그의 정치적 유산을 위치시키도록 만든다. 인문주의, 이것은 아마도 사이드가 타협 없는 이상을 품고서 받아들인 유일한 "주의"ism일 것이다. 비록 지난 몇 십 년간 문학이론을 지배했던 아방가르드적 분위기에서는 선의에 찬 감상으로 비칠 수 있지만 말이다.

이 책의 원고는 컬럼비아 대학출판사를 대신해 조너선 콜이 기획한 연속 강의에서 처음 발표되었고, 이후 지금의 구성을 갖춰 '컬럼비아 철학 주제 시리즈'Columbia Themes in Philosophy series 가운데 하나로 대학출판부에서 출판되는 것이다. 시민적 열정과 강렬한 인상이 넘치는 사이드의 강의에는 깊고도 잘 구성된 논지가 있다.

인문주의를 이루는 두 가지의 큰 뼈대가 다양한 이론적 정식화들을 통해—초기 고전주의적 암시에서부터 가장 미묘하게 그 형태가 유지되고 있는 우리 시대에 이르기까지—이어져오고 있다. 돌이켜보면 이 두 가지 요소는 인문주의를 정의하는 두 극이라고 할 수 있다.

그 가운데 하나는 인간을 다른 것과 구분 짓는—자연과학이 연구하는 자연과는 구분되는, 신학이나 절대적 형이상학의 몫인 초자연적이고 초월적인 것과는 구분되는—특징 혹은 특징들을 찾으려는 인문주의의 갈망이다. 다른 하나는 인간적인 모든 것을 고려하려는 열망이다. 인간적인 것이 어디서 발견되든 지금 이곳의 보다 생생한 존재들과 얼마나 멀리 떨어져 있든 말이다. 너무나 친숙함에도(그 사소한 기원에 대한 전설에도 불구하고) 여전히 마음을 움직이는 "인간에 관한 일이라면 무엇이든 남의 일로 여기지 않는다"Nothing human is alien to me라는 격언*이 이러한 열망이란 것을 표현한다고 할 수 있겠다.

복합적이면서 교차되는 행들을 구성하는 이 두 가지의 극으로 이 책의 구성을 드러내볼 수 있다. 우선 인간만이 지닌 특성을 탐구하려는 첫 번째 극을 보자. 사이드는, 인간이 만들고 구성한 것, 즉 역사를 가장 잘 아는 이는 인간이다라는 비코의 신념을 일찌감치 불러들인다. 그러므로 자기-인식이라는 것은 다른 종류의 지식과는 구분되는, 특별한 것이 된다. 그리고 우리가 아는 한, 오직 인간 존재만이 자기-인식이라는 것을 할 수 있다. 두 번째 극에서 사이드는 세네카의 격언*을 긴급하게 사용하기 위해서인 듯 시작부터 주제로 뛰어든다. 지식인들이 우리의 서구, 메트로폴리탄이란 이기심의 장소로부터 멀리 떨어진 곳의 사람들이 겪는 문제와 고통에 무관심한 채로 공적인 삶을 수행한다면 다가오게 될 또는 이미 우리에게 와 있는 재앙을 경고하면서 말이다.

우리가 "인문주의적"이라 부르는 매우 변화무쌍한 생각에서 보자면 이 두 극은 상대적으로 고정된 것일지 모르지만, 결코 서로 분리되어 있지 않다. 이 두 극은 서로 관련되어 있으며 인문주의의 불확실한 요소이다. 이 둘은 일관된 관점 아래 붙어 있어야만 한다. 이 두 극 사이의 거리를 좁히기 위해 사이드는 비코의 직관에 놀라운 철학적 부연을 해 이를 완성하는 것으로 자신의 이야기를 시작한다. 비코가 밝혀낸 것은 자기-인식이 가능한 인간의 특별한 능력과 다른 여타의 지식과는 구분되는 자기-인식의 독특한 특징이다. 인간의 자기-인식이 지닌 이 독특한 특징—비코의 시대 이후 "이해"Verstehen나 "정신과학"Geisteswissenschaften, 미국에서라면 "사회과학"으로 발전되어나갔던—은 여전히 인문학의 역할이나 중심성에 대한 어떠한 구체적인 암시도 해주지 못한다. 그 자체만으로는 아직 이 강의들의 주제인 인문주의로 접근할 수조차 없다. 그래서 사이드는, 우리가 자기-인식을 자기-비판으로 보충할 때, 더 정확히 말해 우리가 자기-인식을 자기-비판으로부터 구성된 것으로 이해할 때, 인문주의와 그 학문적 표명인 인문학의 지평을 바라볼 수 있다고 주장한다. 이러한 보충과 새로운 이해를 가능하게 하는 것이 문학 연구이다. 도식적으로 말하자면, 사이드가 평생을 바쳤던 문학 연구, 요컨대 '비평'이 자기-인식을 보충할 때 진정으로 독특한 인간 능력이, 자기-비판적인 능력이 꽃을 피우게 된다.

또 다른 극으로 가보자. 어떻게 인간적인 모든 것에 대한 관심이 이 자기-비판의 능력과, 우연적일 뿐 아니라 필연적으로 연결되는가? 왜 이 둘은 우리의 인문주의적 이해에서 그저 분리된 제각각의 요소가 아닌가? 사이드는 이렇게 대답한다. 우리가 대학에서 하는 비평이 경계를 넘어설 때, 이 비평이 다른 문화의 전통과 개념들을 연구할 때, 비로소 비평은 자기-비판적일 수 있는 계기로 향한다고 말이다. 편리하고 편협하게만

---

* 로마의 희극작가인 테렌티우스Publius Terentius Afer의 말로, 본래 문장은 "I am human. Nothing human is alien to me"이다. 마르크스는 이 말을 평생의 신조로 삼았다고 한다.

* "인간은 항상 시간이 없다고 불평하면서 마치 시간이 무한정 있는 듯 행동한다"는 세네카의 격언을 염두에 두고 있는 듯 보인다.

접근한다면 이러한 자기-비판적 계기를 제공하는 것들과 마주칠 수 없다. 그러므로 "타자"는 "자아"를 더 비판적으로 더 잘 이해하기 위한 원천이자 자원이다. 세네카적 이상에 매료되는 사이드가 "다양성" 그 자체를 맹목적으로 숭배하거나 지금의 다문화주의적 경향을 허물없이 "옳게" 받아들이는 식으로 퇴보하지는 않는다는 점을 중요하게 기억해둘 필요가 있다. 사이드는 정확히 비코로 시작해 미국의 삶과 정치 속에서 인문주의가 가지는 현재성으로 끝맺는다. 다문화주의는 이 책이 보여주는 만큼의 학문적이고 숭고한 변호를 받아본 적이 없다.

한층 더 간략하게 말하자면, 이 책의 논의는 폭넓고도 유익하다. 사이드가 구분한 인문주의의 두 가지 극 사이를 서서히 정연하게 연결해 나가다보면, 우리는 비코의 작업에서 미해결된 채로 남아 있던 역사와 행위능력 사이의 긴장을 해결하거나, 아니면 적어도 해결에 어느 정도 진전을 볼 수 있게 될 것이다. 비코의 철학에서 나온 이념인 역사주의는 언제나 이러한 긴장을 논쟁적인 형태로 제시해왔다. 역사 속의 우리를 안다는 것은 우리를 대상으로 보는 것이라는 식이다. 이는 곧 우리를 신중히 생각하고 행동하는 1인칭 주체나 행위자로 보는 것이 아니라 3인칭으로 인식한다는 것이다. 사이드의 초기 저작인 『오리엔탈리즘』에 대한 클리포드의 비평에도 이러한 긴장이 울려퍼지고 있다. 사이드는 클리포드의 비평을 시작 부분에서 관대한 태도로 인용하면서, 『오리엔탈리즘』을 쓰면서 푸코를 가져오기는 했으나 자신의 인문주의적인 지적 충동은 인간 주체와 행위능력을 부정할 수 없었다고 밝혔다. 그러나 내가 탐사하고 있는 이 강의에서 진행되는 논의가 효과를 발휘한다면, 그리고 이 강의가 역사에 대한 비코의 강조로부터 자기-비판의 완전한 세계적 토대로 우리를 이끈다면, 우리는 이러한 긴장들을 완화시킬 수 있을지 모른다. 사이드를 따라, 비평과 비판은 불일치하는 듯 보이는 두 가지이다—문헌학, 단어들의 "역사", 전통의 "수용"이면서 동시에 그러한 전통에 대한, 단어들이 쌓아올린 관습 창고에 대한 "저항"—라고 하는 것은 이제 단순한 단언이 아니라 정당성을 지닌 주장이 된다. 사이드의 논의는 인문주의에 엄격하고도 지적인 힘을 선사하며, 현재적 관심사의 위치와 정치적 현재성을 부여한다. 지난 세기의 인문주의가 기댔던 케케묵은 교의라면 승인하지 않았을 것들이다. 인문주의는 이 같은 지난 교의들에 환멸을 느끼거나 혹은 그저 싫증이 난 사람들에게 최근의 메마른 형식주의와 상대주의에 비할 때 좀 더 활기 있고 중요한 그 무엇을 제시해준다.
커다란 감사를 보낼 일이다.

    아킬 빌그라미

들어가는 글

이 책의 처음 세 장은 2000년 컬럼비아 대학과 대학출판부가 주관한 미국문화에 대한 연중 강의에서 발표된 것이다. 이 강의는 학장이었던 조너선 콜의 초청으로 시작되었다. 콜은 나의 가까운 벗이자 컬럼비아의 오래된 동료로, 지적 규준과 자유로운 탐구를 향한 그의 헌신은 컬럼비아를 특별한 곳으로 만들어주었다. 2003년 10월과 11월, 나는 강의를 네 개로 늘려 네 번째 강의를 준비하는 한편, (이 책에는 에리히 아우어바흐의 인문주의적 걸작 『미메시스』에 관한 장으로 포함되었다.) 변화된 정치적·사회적 환경을 반영하면서 강조점을 바꾸었다. 이렇게 마련된 네 개의 강의는 이언 도널드슨 교수가 이끄는 '예술, 사회과학, 인문학 연구소'CRASSH: Center for Research in the Arts, Social Sciences, and Humanities의 따뜻한 초청을 받아 캠브리지 대학교에서 발표되었다. 그곳에서 아내 마리엄과 나는 킹스칼리지의 멋진 환대를 받았다. 무엇보다 이언과 그라시아 도널드슨의 온화하고도 경이로운 정신에, CRASSH의 메리-로즈 치들, 멜라니 레거트의 깊은 심려와 실제적인 도움에 감사를 보낸다. 내게는 힘든 시간이었던 그 기간 동안 학장인 팻 베이트슨과 킹스의 연구원들이 아내와 나에게 보내준 환대에 감사의 마음을 표현할 길이 없다. 아이러니한 일이지만, 뉴욕과 캠브리지의 강의들은 모두 내가 화학치료와 수혈을 강도 높게 받던 시기에 있었기 때문에, 내게는 많은 도움이 필요했다. 나는 내가 받은 모든 도움들에 진정으로 감사의 마음을 전하고 싶다. 이 강의들을 책으로 묶기 위해 다듬고 손질해 내놓는다.

    이 두 강연 사이를 비집고 들어온 것이 2001년 9월 11일의 그 사건이다. 변화된 정치적 분위기가 미국을 지배했고, 각기 다른 정도로, 세계를 지배했다. 테러와의 전쟁, 아프가니스탄 침공, 앵글로-아메리칸의 이라크 공격으로 인해 세계는 고조된 적의로 가득 찼고, 미국은 세계를 향해 더욱 더 공격적인 태도를 취했고—사이문화적bicultural인 나의 배경을 생각해볼 때—"서구"와 "이슬람"으로 불리는 것들 사이의 갈등은 더욱더 악화되었다. 나는 오랫동안 "서구"와 "이슬람"이라는 표지標識가 분석적으로, 비판적으로 해체되지 않는 이상, 오도된 것이며 명확한 이해보다는 집합적 열정을 동원하는 데 더 적합한 것이라 생각해왔다. 문화는 다투지 않으며 서로 풍요롭게 공존하고 상호작용한다. 이 책을 통해 하고 싶은 이야기가 바로 이 공존과 나눔으로서의 인문주의적 문화에 대한 것이다. 그것이 성공했든 그렇지 않든, 내가 이 이야기를 시도했다는 것에 우선은 흡족하다.

이러한 개인적·주변적 상황 때문에 미국 인문주의, 그리고 이것이 우리가 살고 있는 세계와 맺는 관련성에 대한 내 강의는 확정적 진술도 아니고, 전투 준비도 아니다. 이제 이어질 각 장들이 각자의 이야기를 하도록 할 생각이지만, 나에게 의미가 큰 이 거대한 주제들의 면면을 숙고하며 다루었다는 점은 언급하고 싶다. 예컨대 나는 꽤나 제한된 연구 분야라고 여겨지는 인문학이 어떻게 어떤 방식으로 다른 차원들의 지적 시도와 관계되는지—사회학이나 정치학처럼 되지 않고—항상 궁금했는데, 이것을 1장에서 다루었다. 또한 지난 몇 십년 동안 대학에서 인문학을 배우고 가르치면서, 나는 내 학문의 세계와 내 삶의 세계가 어떻게 다른지, 인문학자의 의무라는 것이 어떻게 종종 놀라울 정도로 지금의 우리와 갈등을 빚는지—9/11 이후가 최악이다—에 주목하는 것이 중요하다고 생각해왔는데, 이것은 2장에서 논의된다. 3장에서는 주의 깊고 창의적인 정밀한 독해에 대해 논하면서 문헌학의 중대한 역할을 다루는데, 텍스트가 말하는 바에 익숙하게 열려 있는 것(이 개방성과 더불어 일정 정도의 저항)이 가장 넓고 깊은 의미의 인문주의적 이해로 향하는 지름길이라는 희망에서이다.

여기에 일종의 종결부 coda로서 "작가와 지식인의 공적 역할"이라는 제목이 붙은 장을 추가했다. 이 글은 원래 2000년 9월 옥스퍼드 대학에서 문단文壇에 관한 주제로 열렸던 학회 발표를 위해 쓴 글이다. 이 책에 실린 글에 드러나는 눈에 띄는 변화는 역시 끔찍했던 9/11 이후 우리를 짓눌렀던 특유의 분위기를 반영하고 있지만, 중심적인 내용은 변하지 않았다는 점을 언급하고 싶다.

EWS
뉴욕에서, 2003년 5월

1

인문주의 영향

인문주의는 철회나 배제에 관한 것이 아닙니다.
오히려 그 반대이지요. 인문주의의 목적은
해방과 계몽에 쏟은 인간 노동과 에너지의 산물들,
더 중요하게는 집합적 과거와 현재에 대한
인간의 오독이나 오해 등을 비판적 검토의
대상으로 만드는 것입니다.

이야기를 시작하기에 앞서, 피할 수 없는 연유로, 제가 미국의 인문주의에 초점을 둘 수밖에 없음을 우선 밝혀두어야겠습니다. 제 논의의 상당 부분이 다른 곳에도 적용될 수 있으리라 생각하기는 하지만 말입니다. 성년의 대부분을 미국에서 보낸 저는 지난 40년 동안 실천하는 인문학자이자 선생, 비평가, 학자였습니다. 미국은 제가 가장 잘 아는 세계라고 할 수 있습니다. 세계에서 유일하게 남은 열강인 미국은 다른 국가들이 제시하는 것과는 다른 종류의 특별한 도전과 요구를 인문학자에게 안겨준다는 점을 두 번째로 지적하고 싶습니다. 그러나 이민 사회인 미국이 동질적인 장소가 아니라는 것, 이 역시 미국의 인문학자가 고려해야 할 요소 중 일부라는 점은 분명하겠지요.

세 번째로는, 비서구 문화권에서 성장한 경계인이자, 사이문화인bicultural인 제가 보통의 토박이 미국인이나 "서구인"으로 불리는 이들에 비해 관점이나 전통과 같은 것에 특히 민감하다는 점을 들 수 있겠습니다. 이것이 아마도 저에게 조금은 특이한 시각을 갖도록 했을 것입니다. 예를 들어, 제 주된 관심은 미국 인문주의의 유럽적 선조들 그리고 서구의 시야 "바깥"으로 여겨지는 것이나 그 바깥에서 파생된 것들인데요, 이 책의 3장과 4장에서 이러한 내용들을 다루면서 그것들이 서구 전통의 바깥에서 어떻게 파생되었는가를 여러 가지 측면에서 살펴볼 생각입니다. 마지막으로 저는, 미국과 세계 여러 곳의 상황들이 2001년 9월 11일의 참담한 사건 이후 크게 변화했으며, 우리 모두에게 끔찍한 결과들을 가져왔다는 점을 지적하겠습니다. 이러한 변화 역시 당연히 고려하겠지만, 명백한 이유들 때문에 미국적 상황은 이 경우에도 특별하다고 할 수 있습니다.

시작에 앞서 제가 마지막으로 언급해두고 싶은 것은 이 책의 진정한 주제가 말 그대로의 tout court 인문주의는 아니라는 점입니다. 이러한 인문주의는 제가 여기서 논하고 있는 것에 비한다면 너무나 거대하고 또 모호한 주제입니다. 제가 다루는 것은 인문주의와 비판적 실천으로서, 오늘날 교전과 실제 전쟁, 각종 테러리즘으로 넘쳐나는 이 혼란스런 세계를 살아가는 선생이자 지식인으로서 한 인간이 해야 할 일을 알려주는 인문주의입니다. 젊은 날의 루카치를 따라, 우리가 시끄러운 신의 시종들로부터가 아니라 신으로부터 버림받은 파편화된 세계에 살고 있다고 말하는 것은 표현을 억제하려는 것일 따름입니다.*

　이미 언급한 대로, 저는 1963년부터 컬럼비아 대학에서 문학과 인문학을 가르쳐왔습니다. 많은 이유로, 컬럼비아는 저물어가는 세기와 이제 막 포문을 연 세기의 미국 인문주의를 고찰하기에는 더없이 좋은 장소라 할 수 있습니다. 이곳에는 지난 81년 동안 이어져 내려온 필수 과목들이 있는데요, 유명하고도 유서 깊은 교양과목들입니다. 이 교과과정의 중심에는 "인문학"이라는 소박한 제목을 달고 있는 연속강의가 있습니다. 1937년부터 시작된 것이죠. 지난 몇 년 동안 이 연속강의는 이와 짝을 이루는 강의인 "동양" "오리엔탈" "비서구 인문학"과 구분되는 "서구 인문학"으로 두루 알려졌습니다. 모든 학부 1·2학년 학생들이 일주일에 네 시간, 이같이 고된 강의를 수강해야만 한다는 생각은, 완강하다고 말할 수 있을 정도의 확신 속에서, 컬럼비아 대학 교육의 절대적인 중심이 되어왔습니다. 거의 압도적이라 할 수 있을 만큼 중요하고 기본적인 작품―호메로스, 헤로도토스, 아이스킬로스, 에우리피데스, 플라톤, 아리스토텔레스, 성서, 베르길리우스, 단테, 아우구스티누스, 셰익스피어, 세르반테스, 도스토예프스키―들을 망라하는 도서목록의 질이 한 가지 이유일 겁니다. 또 이 어려운 작가들과 작품들에 아낌없이 바쳐진 시간과, 그리고 세상을 향해 이들 작품의 독서가 갖는 중요성을 옹호하는 데에 아낌없이 바쳐진 시간 때문이기도 할 것입니다. 컬럼비아 인문학 과목들은 1970~80년대의 소위 문화전쟁으로부터 출현했으며 큰 훼손이나 변화 없이 유지되었습니다.

저는 약 25년 전 컬럼비아 대학 인문학 연속강의의 토론 패널로 참가해달라는 요청을 받았던 것을 기억하고 있습니다. 또한 당시에 제가 학생들에게 라틴, 그리스, 헤브라이, 이탈리아, 프랑스, 스페인 텍스트를 훌륭하지도 않고 또 확실하지도 않은 번역본으로 읽도록 한다는 점을 들어 수업을 비판했던 몇 안 되는 사람 가운데 하나였다는 것도 생생히 기억합니다. 제 주장은 이 훌륭한 책들을 역사적 맥락에서 떼어내어 읽거나 원본의 많은 부분을 삭제하고 읽는 것 모두를 비판적 시각으로 바라봐야 한다는 것이었고, 단테 강독이 이 얼마나 굉장한 경험인가라는 식의 감상적인 경건함—워싱턴 산을 오르고, 목가적 관습이나 만들어진 전통과 연관된 경험을 했던 여름캠프를 좋았던 옛 시절로 회고하는 노인처럼—은 이 수업이 유포하는 "위대한 책"에 대한 무비판적 가정과 관련되어 있으며, 어느 정도 이 수업에 필수불가결한 부분이 된 이 가정은 정당한 의심을 살 만하다는 점이었습니다. 제가 이 수업이 없어져야 한다고 주장한 것은 아닙니다. 제 제안은 "우리"의 전통과 "인문학"을 "위대한 작품"과 쉽게 동일화하지 말자는 것이었죠. "다른" 전통들, 그러므로 "다른" 인문학도 존재합니다. 이러한 "다른" 것들은 분명 실제로는 고심하며 만들어낸 "우리 것"이라는 검토되지 않은 중심성을

---

* risk understatement의 번역으로, understatement를 정신분석학적 용어인 과소진술(더 적은 표현이 사용됨으로써 억압이나 회피, 부인이 일어나는 진술)로 본다면, 이 문장은 '과소진술의 위험을 감수하는 것입니다'라고 번역할 수 있다. 동일한 표현이 등장하는 사이드의 다른 책 『프로이트와 비유럽인』(창비, 2005)을 번역한 주은우 선생은 이 표현의 정신분석적 함의에 주목해 '과소진술의 위험을 감수하는 것'이라고 번역했다.

누그러뜨리는 것으로서 고려되고 이해될 법합니다. 한편,

제 말년의 동료인 라이오넬 트릴링은 저에게 이렇게 말했습니다. 컬럼비아의 인문학 수업은 학생들에게 독해의 상식적 기초를 제공하는 미덕을 가지며, 후에 학생들이 읽은 책들을 잊어버린다 하더라도(많은 학생들이 대부분 그렇듯이) 적어도 같은 책을 잊어버리는 셈 아니겠냐고 말입니다. 이 말이 그다지 인상적이지는 않았지만, 사회과학이나 과학 분야의 기술적인 글을 제외하고는 어떤 것도 읽지 말자는 주장에 반하는 말이었으므로 따르지 않을 도리는 없었습니다. 이후 저는 인문학 수업이 가장 능숙하게 해내는 일의 주요골자, 그러니까 학생들이 핵심적인 서구 문화의 문학적·철학적 정전에 익숙해지도록 하는 일에 찬성해왔습니다.

여기서 트릴링을 언급하는 이유는 인문주의에 관해 컬럼비아 대학이 주장하는 다른 측면을 중요하게 고려하기 위해서입니다. 컬럼비아는 꽤 오랫동안 일군의 뛰어난 인문학자들에 자부심을 가져왔고, 저는 그들과 함께 일하는 것에, 때로는 그저 함께 있다는 것에 기쁨을 느껴왔습니다. 트릴링과 더불어, 마크 반 도렌, 자크 바르쟁, F. W. 듀피, 앤드류 키아프, 모지즈 하다스, 길버트 하이엣, 하워드 포터, 폴 오스카 크리스텔러, 마이어 샤피로, 루푸스 매튜선, 카를-루트비히 젤리히, 프리츠 스턴 같은 이들을 떠올려볼 수 있겠습니다. (1963년에 제가 뉴욕으로 왔을 때 알게 된 인물들, 당시 선배 석학이었다는 공통점으로 묶이는 이들만 언급하자면 그렇습니다.) 이들 대부분의 학자들이 전통적인 의미의 인문학자라는 점은 분명한 사실이며, 또한 학계의 인문학이 도달한 그리고 도달할 수 있는 최고의 경지를 보여준 주목할 만한 사례로서, 발군의 학자라는 점도 분명합니다. 그들 가운데 몇몇, 특히 트릴링은 자주 자유주의적 인문주의에 비판적이었으며, 때로는 불온하게, 물론 세간의 이목이나 그들의 학계 동료와 학생들의 의견이 그랬었다는 것이지만, 전문용어나 과도한

전문가주의 없이 인문주의적 삶이 닿을 수 있는 가장 풍요롭고 가장 강렬한 모습을 보여주었습니다. 이들 남성들—불과 18년 전만 하더라도 컬럼비아 대학은 본질적으로 남성의 학교였습니다—이전의 인물로는 존 듀이, 랜돌프 본, 조엘 스프링건을 떠올려볼 수 있는데요, 이들의 철학, 정치사상, 문학 연구는 컬럼비아 대학이 민주주의 정신을 구성하는 자유주의적, 때로는, 급진적 인문주의의 미덕과 끊임없는 자유 추구에 공헌한 바를 밝히는 데 큰 역할을 했습니다. 이를 상세히 기록하고 있는 뛰어난 책은 제 동료이자 친구인 에릭 포너의 『미국의 자유 이야기』 The Story of American Freedom 입니다.

이러한 사항들은 제가 이 글을 통해 탐구하고자 하는 현재의 삶 속에서의 인문주의의 미래와 그 현재성이라는 주제에 적절한 배경이 되어줍니다. 또한 지난 세기의 끝자락에서부터 지금 세기의 문턱을 넘어오는 동안 공적 영역에 넘쳐났던 인문주의와 인문학의 역할이나 위치에 대한 숱한 논쟁과 대립, 연구 계획들을 둘러싼 영역이 얼마나 풍부하고 또 논쟁적인지를 보여줍니다. 이 모든 논쟁들을 다시 요약하거나 인문주의의 의미 목록을 길게 만들 욕망도 능력도 제게는 없습니다. 다만 이러한 논쟁들이 제가 다뤄야만 하는 주제 속으로 침투하고 있으며, 저는 다른 이들이 말한 것을 매우 선택적으로만 이용할 것이라는 점은 밝혀두어야겠습니다. 제 논의는 컬럼비아 대학의 맥락 안에 있으며, 저의 선배들—이 학교에서 보낸 시간들을 비할 바 없이 풍요롭고 값진 것으로 만들어주었던 분들이라고 말하겠습니다—이 주장했고 또 행했던 바를 이어가려는 방향성을 가집니다. 팔레스타인인들의 인권 투쟁에 개입했으나, 저는 컬럼비아에서 서구 인문학, 특히 문학과 음악 말고는 가르쳐본 적이 없으며, 제가 할 수 있는 한 이 일을 계속할 생각입니다. 그렇지만 이와 더불어 저는 인문주의의 현재성을 재숙고하고 재검토하고 재정식화해야 하는 때가, 적어도 제게는, 왔다고 생각합니다. 우리는 상황을 완전히 변환시킬 만큼 극적인 변화를 겪고 있는 수많은 사건들을 목도하며 새로운 밀레니엄으로 향하고 있기 때문입니다.

그러므로 이제 이어질 첫 번째 장에서 다루어질 내용은 이미 점유된 것이 아니라 여전히 진행 중인 실천으로서의 인문주의에 적절한 연구 영역을 확장시켜 고찰하는 것이며, 인문학자가 지녀야 할 바람직한 요소들의 목록이 아니라 인문주의적 활동이 무엇인가를 살펴보는 것입니다. 인문주의와 인문학을 대신해 스스로 대변할 수 있다고 여겨지는 일련의 주장과 반대 주장들을 펼치는 이들이 존재하는 상황에서 말입니다. 두 번째 장에서는 20세기를 마무리하는 몇 년간 어떠한 거대한 변화가 인문주의적 실천의 핵심적 전제에 일어났는가를 설명해보려고 합니다. 또한 우리가 인문주의라는 이름으로, 그것의 후원과 방패 아래, 무엇을 할 수 있고 또 할 수 없는지를 이해하기 위해 방법론적으로 무엇을 계획할 필요가 있는지를 살펴보려고 합니다. 세 번째 장에서는 문헌학—부당하게 잊혀졌고 진부하게 들리지만 지적으로 강한 호소력을 가진 학문이죠—이 다시 살아나 활기를 되찾고 오늘날 미국의 인문주의적 기획과 관련을 가지는 방안을 제안할 것입니다. 마지막으로 제2차 세계대전 이후 발표된 것 가운데 인문주의적 실천 일반의 가장 위대한 저서라 할 만한 에리히 아우어바흐의 『미메시스』*Mimesis*에 대해 논하면서 이 책이 오늘날의 우리에게 불후의 선례를 어떻게 제시하는지 살피고자 합니다.

다시 한번 더 강조하자면, 제가 이 주제를 다루는 이유는 인문주의의 역사를 만들기 위해서도 아니요, 인문주의의 가능한 의미들을 모두 탐구하기 위해서도 아니요, 하이데거의 「인문주의

서간」에서처럼 인문주의가 전존재prior Being와 맺는 형이상학적 관계를 철저히 살펴보기 위해서도 아닙니다. 저의 관심은 쓸모 있는 실천으로서의 인문주의이며, 이는 자신들이 무엇을 하고 있는지, 학자로서 무엇에 기여할 수 있는지 알고자 하며 이러한 원칙들을 자신들이 구성원으로 살아가는 세계와 연결하고자 하는 지식인과 학계를 위한 인문주의입니다. 이러한 기획은 필연적으로 현재의 역사나 사회정치적 일반화와 관련되며, 무엇보다 왜 인문주의가 지금 이 시점에, 이 사회에 중요한가를 날카롭게 인식하도록 합니다. 냉전이 종식된 지도 10년이 훌쩍 지난 지금, 세계 경제는 중요한 변환을 겪고 있으며 새로운 문화적 풍경이 지금까지의 우리 경험을 완전히 뛰어넘어 출현하고 있습니다.

    테러와의 전쟁과 중동에서 벌어지는 주요 군사작전은 선제공격이라는 미국의 새 군사지침의 일부이며, 인문학자가 어떤 방식으로든 대면해야 하는 변화된 상황들입니다. 게다가 우리는 "인간"("인간적인" 그리고 "인문주의적인"이라는 의미를 내포한)을 중심에 놓는 현재적 담론이 넘쳐나지만 인문주의의 중요성에 대해 다시 숙고해야 하는 상황에 처해 있습니다. 예를 들어 1999년 나토의 유고슬라비아 폭격은 "인도주의적 개입"이라 묘사되었지만, 결과는 너무나 심각하게 비인간적인 것이어서 사람들에게 충격을 안겨주지 않았습니까. 한 독일 지식인은 나토와 관련된 이 사건을 새로운 형태의 "군사적 인본주의"라 부르기도 했지요. 르완다나 터키가 아니라 인종 청소와 대량학살이 거대한 규모로 벌어지는 코소보에 개입한 것이 어떻게 "인본주의"이며 "인도주의적"인 것입니까? 이라크에서의 석유식량프로그램을 관리하던 유엔의 핵심 관리인 데니스 할러데이는 제재규약은 "비인간적이고 집단학살을 초래한다"는 발언을 했다가 항의를 받아 사임한 바 있습니다. 그러니 이라크인들의 절망적인 운명(사담 후세인은 제재규약의 시기동안 문제없이 잘 살았습니다)처럼, 할러데이의 이러한 주장은 예정된 전쟁이 준비되는 동안 담론의 영역으로 진입하지 못하는 것이지요. 이라크인들의 "해방"이 논의될 때조차도 그렇습니다. 학자와 선생인 우리는 우리가 하는 일이 "인본주의적"이며 우리가 가르치는 것이 "인문학"이라 말하는 것이 옳다고 믿지만, 이러한 것들이 과연 여전히 유용한 문구일까요? 그렇다면 어떠한 면에서 유용하다고 할 수 있을까요? 이제 우리는 하나의 행위로서의 인문주의를 과거와 그 가능한 미래의 견지에서 어떻게 검토해볼 수 있을까요?

    9월 11일 이후, 테러와 테러리즘은 대중의 의식 속을 굉장히 집요하게 파고들었습니다. 미국은 우리의 선과 그들의 악이라는 뚜렷한 구분을 강조했지요. 조지 부시에 따르면 당신은 우리 편이거나 아니면 우리 적입니다. 우리는 인도적인 문화를 대변한다. 그들은 폭력과 증오를 대변한다. 우리는 문명화되었다. 그들은 야만인들이다. 이 모두에는 오류에 빠진 두 가지의 가정이 뒤섞여 있습니다. 첫째, 그들의 문명(이슬람)이 우리의 문명(서구)과 완전히 대립한다는 것입니다. 이는 새무얼 헌팅턴의 비통할 정도로 통속적이고 환원적인 문명의 충돌 논제에 어설프게 기초해 있습니다. 둘째, 테러를 규정하려는 노력 속에서 테러의 정치사와 본성을 분석하는 일이 곧 테러를 정당화하는 것이라는 터무니없는 견해가 있습니다. 사소하고 피상적으로 보이는 이러한 견해들을 살펴보거나 반박하는 데에 시간을 쓰고 싶은 생각은 없습니다. 다만 이런 생각들이 끈질기게 이어져오고 있다는 사실만은 지적하고 싶습니다.

    저에게 인문주의의 영역을 다루기 위한 가장 직접적이고 구체적인 방식은 제 개인적 경험을 경유하는 것입니다. 저의 책 『오리엔탈리즘』에 대한 면밀하고도 우호적인 초기의 서평 가운데 하나는 『역사와 이론』History and Theory이라는 저명한 저널에 실린 제임스 클리포드의 글로, 『오리엔탈리즘』이 출간된 지 2년 후인 1980년에 발표되었습니다. 클리포드는 저의 컬럼비아 대학 영문과 손위 동료이자 친구였던 18세기 전공 학자 제임스 클리포드와 이름이 같은 그의 아들인데요, 아들 클리포드는 제 책에 대한 서평을 1988년 발표한 영향력 있는 책 『문화의 곤경』The Predicament of Culture의 한 장으로 포함시켰습니다. 가장 많이 인용된 그의 중요한 비판 가운데 하나는 제 책의 핵심에 심각한 비일관성이 자리하고 있다는 겁니다. 그는 이 내적 긴장이 제가 명백하게 공언한 인문주의적 방향과 제가 반인본주의라는 주제에 접근하는 것 사이에서 발생한다고 봅니다. 클리포드는 "『오리엔탈리즘』이 공격하는 본질화하기로 그 자신이 퇴행하고 있다"고 안타까워하면서, 이 책이 "서구 인본주의의 총체화하는 습관에 양가적으로 얽혀 있다"(Clifford, 271)고 아쉬워합니다. 이 논평의 조금 뒤에 가서 그는 (바로 이 점에서 클리포드는 매우 유능한 비평가입니다) 이렇게 논의를 이어갑니다. 저의 모순이라고 할 "복잡한 이론적 태도"가 단순히 비정상적인 것으로 기각될 수는 없으며, 오히려 이 책이 보여주는 "불안한 위기"의 징후일 뿐 아니라

"이 책의 방법론적 양가성[그가 덧붙인 것]은 점점 증가하는 전 세계적 경험의 특성이다"(275)라고 말합니다. 여기서 흥미로운 점은 클리포드가 인문주의의 특징이 최신 이론, 제가 특히 강조점을 두고 끌어오는 미셸 푸코의 이론과 불협화음을 이룬다고 본 것입니다. 클리포드는 푸코의 이론이 인본주의의 본질화하고 총체화하는 방식을 전반적으로 폐기한다는 점을 정확하게 인식하고 있습니다.

많은 면에서 클리포드는 옳았습니다. 1960~70년대 이후 미국과 영국 대학의 인문학부에 프랑스 이론이 출현하면서 전통적인

인문주의라 간주되어온 것이 심각한, 비록 회복불능은 아니라 할지라도, 패배를 맛보았던 것이 사실입니다. 이것을 추동한 힘은 구조주의와 탈구조주의로서 레비스트로스와 푸코, 롤랑 바르트의 작업에서 발견되듯, 이 이론들은 모두 인간-저자의 죽음을 단언하고 반인본주의적 체계의 우위를 주장했습니다. 마르크스와 프로이트, 니체와 언어학자 페르디낭 드 소쉬르와 같은 사상가들의 작업을 이어받은 푸코와 레비스트로스는 주체의 주권sovereignty of subject—데카르트의 코기토 개념을 인간 지식의 중심에 놓음으로써 사유 자체를 본질화할 수 있도록 했던 계몽사상을 설명하는 관용어를 사용하자면—에 도전했습니다. 요컨대 마르크스, 프로이트, 니체, 소쉬르라는 일련의 선구적 집단은 사유와 인식의 체계라는 존재가 개인 주체의 힘을 초월한다는 것을 보여주었습니다. 인간 개인은 이러한 체계 안에 존재하면서 (프로이트의 "무의식"이나 마르크스의 "자본" 같은 체계) 그것들을 능가하는 힘은 갖지 못한다, 오직 체계를 사용하거나 이로부터 사용을 당하는 선택만이 있을 뿐이다라는 것이죠. 이는 물론 인문주의적 사유의 핵심을 단호하게 부정합니다. 이렇게 함으로써 개인의 코기토는 환영적 자율성 또는 허구의 지위로 추방되거나 강등됩니다.

 비록 제가 미국 대학에 프랑스 이론을 들여와 논의한 최초의 비평가 가운데 하나이긴 했어도, 제가 그 이론의 이데올로기적 반인본주의에는 영향을 받지 않았다는 것을 클리포드는 정확하게 인식했습니다. 그 이유라면, 제가 클리포드와는 달리 인문주의에서 총체화하고 본질화하는 경향만을 보지 않았기(여전히 그렇게 보지 않습니다) 때문이라고 생각합니다. 또한 저는 구조주의적 반인본주의의 궤적을 좇아 포스트모더니즘이 내놓았던 주장들이나, 장 프랑수아 리오타르가 계몽과 해방의 거대 서사라 부른 것에 포스트모더니즘이

보였던 부정적 태도에서 비롯된 논의에도 수긍하지 않았습니다. 반대로 제 자신의 정치사회적 행동주의를 통해 확신하게 된 바가 있다면, 사람들은 정의와 평등이라는 이상에 감화되어 행동할 수도, 행동하기도 하며—남아프리카에서 해방투쟁이 거둔 승리가 완벽한 사례가 될 것입니다—또한 마찬가지로 자유와 배움이라는 인문주의적 이상은 혜택 받지 못한 이들에게 정의롭지 못한 전쟁이나 군사 점령에 대항하고 전제정치와 독재를 전복하는 에너지를 공급한다는 생각입니다. 저는 이러한 생각들이 여전히 생명력 있고 바람직하다고 여깁니다. 간편하다 할 수 있을 급진적 반토대주의radical antifoundationalism처럼 (제 생각에) 피상적이지만 영향력 있는 개념도 있습니다. 진정한 사건은 잘해야 언어적 효과를 가져올 뿐이라는 주장, 그리고 이와 밀접한 관계를 갖는 역사의 종말이라는 명제 같은 생각들은 인간의 행위능력과 노동의 역사적 영향력에 의해 반박될 수 있는 것이므로 이 자리에서 일일이 논박할 필요는 없다고 생각됩니다. 변화는 곧 인간의 역사입니다. 그리고 인간의 행위로 구성되고 또한 이 행위를 통해 이해되는 인간의 역사는 인문학의 근본 전제입니다.

저는 인문주의의 이름으로 인문주의에 비판적일 수 있다고 믿었고, 지금도 여전히 믿고 있습니다. 또한 유럽중심주의와 제국의 경험을 통해 인본주의의 악용에 대해 배운 이라면 이와는 다른 종류의 인문주의, 즉 세계시민적이며 텍스트-언어에-묶인text-language-bound 인문주의— 이러한 인문주의는 과거 에리히 아우어바흐, 레오 스피처나 최근의 리처드 포이리어로부터 위대한 교훈을 얻습니다—를 만들어낼 수 있으며, 미국적인 독특한 상황뿐만 아니라, 부상하고 있는 목소리들과 현재적 흐름들, 집을 빼앗기고 지역을 넘나들어야 하는 망명자들과 여전히 공명할 수 있다고 믿습니다. 제가 여기서 말하고 싶은 것은,

인문주의의 핵심에는 세속적 명제가 자리하고 있다는 것입니다. 즉 이 세계는 신이 아닌 남자와 여자에 의해 만들어졌으며, 비코가 『새로운 학문』*La scienza nuova*(1744)에서 정식화한 원리—즉 우리는 우리가 만든 것만을 알 수 있다는, 다른 식으로 말하자면 우리는 사물들이 만들어진 방식에 따라 그것들을 이해할 수 있다는—에 따라 이성적으로 이해될 수 있다는 것이지요. 비코의 정식은 진리verum/사실factum의 등식으로 알려져 있는데요, 이는 역사 속 인간 존재인 우리는 우리가 만든 것을 안다는 뜻입니다. 좀 더 정확히 말하자면, 안다는 것은 사물이 어떻게 만들어졌는가를 안다는 것이며 사물을 만든 인간의 관점에서 그것을 인식한다는 말입니다. 그러므로 비코의 시적 지혜sapienza poetica라는 명제는 지식을 만드는 인간 존재의 능력에 기반한 역사적 지식이며, 이는 지식을 수동적이고 반응적으로, 둔하게 흡수하는 것과는 대조적입니다.

  비코의 이론에서 제가 특히 강조하고 싶은 부분이 있습니다. 『새로운 학문』의 첫 머리에서, 비코는 "요소들" 또는 원칙이라는 목록을 끝없이 열거합니다. 그는 책 내용이 전개되면서 자신의 방법이 이들 요소로부터 도출될 것이라고 말합니다. 또한 그는 이렇게 덧붙입니다. "피가 활력을 잃은 몸에 생기를 돌게 하듯이 이러한 요소들은 우리의 학문 주위를 두루 돌아 인류의 공통적 본성에 대한 학문적 추론에 생기를 부여할 것이다."(vico 60) 이어 그가 "인간 정신의 불확실한 본성 때문에, 인간 정신이 무지 속을 헤맬 때마다 인간은 스스로를 사물의 기준으로 만든다"라는 근본적 원칙에 주목할 때에는 지식의 가능성을 폄하하는 듯 보입니다만, 비코 역시 인문주의적 지식이 존재하고 있음을 믿었고 이 지식이 원시적, 그는 시적이라 부른, 사고로부터 발생해 시간을 두고 철학적 지식으로 발전해간다고 믿었다는 것 역시 분명합니다. 그러나 진보에도 불구하고, 철학적 지식의 확실성과 진리에도 불구하고, 저는 비코가 "인간정신의 불확실한 본성" 때문에 끊임없이 인간 지식의 토대는 위협받는다는 비관적 견해를 가졌다고 생각합니다. (이는 『하찮은 인간, 호모 라피엔스』Straw Dogs에 나타난 존 그레이의 명제, 과학이 인본주의를 처분한다는 명제와는 매우 다른 것으로, 존 그레이는 자신의 명제가 인간의 진보에 대한 믿음과 등식을 이룬다고 봅니다. 제가 볼 때 다소 제한된 이 등식은, 설사 그 말이 맞다 하더라도 인문주의를 고려하는 데 핵심적인 것은 아닙니다.) 우리가 철학과 지식을 습득할 수 있음은 분명합니다. 그럼에도 불구하고 기본적으로 완전하지 못한 인간 정신의 오류성(지속적 개선과는 반대지요)은 사라지지 않습니다. 따라서 인문주의적 지식에서 근본적으로 불완전하고, 불충분하며 임시적이고, 의문스럽고 논쟁적인 무언가는 언제나 존재하게 마련입니다. 비코가 결코 잊지 않았던 점도 바로 이 사실이며, 앞서 말했다시피, 인문주의라는 관념을 구성하면서도 결코 사라지지 않는 비극적 결함 또한 인문주의에 부여하는 이유도 바로 이 때문입니다. 우리가 다음 장에서 살펴보겠지만 이 비극적 결함은 문헌학적 배움과 철학적 이해를 훈련함으로써 치유되고 나아질 수 있으나, 결코 사라지지는 않습니다. 이것을 다른 방식으로 말해본다면, 인문주의적 지식과 실천에서 주체적인 요소는 인식되어야만 하고 어떤 면에서는, 숙고되어야만 한다는 것입니다. 왜냐하면 인문주의적 지식과 실천으로부터 중립적이고 수학적인 학문을 도출하는 일은 무익하기 때문입니다. 비코가 『새로운 학문』을 쓴 중요한 이유 중 하나는 데카르트 학파의 명제, 즉 명백하고 분명한 관념들이 있을 수 있고, 이 관념들은 역사뿐만 아니라 자신들이 속해 있는 실제 정신으로부터도 자유로울 수 있다는 명제를 논박하기 위해서였습니다. 비코에 따르면 이러한 종류의 생각은 개개인의 인문학자와 역사가 서로 관련되어 있는 곳에서는 불가능한 것입니다.

역사는 그것을 방해하는 것들을 넘어서지만, 이 훼방꾼들이 결정적인 역할을 하고 있다는 것만은 사실입니다.

반인문주의가 미국의 지성계를 지배했던 사실을 기억해둘 필요가 있습니다. 이는 베트남 전쟁에 대해 널리 퍼진 반감 때문이기도 합니다. 이 반감은 인종차별주의와 제국주의 일반 그리고 무미건조한 강단 인문학에 대한 저항운동으로 나타났습니다. 이 무미건조한 학계는 수년 동안 비정치적이고 비세속적이고, 현재를 곧잘 망각하는 (때로는 교묘하게 다루는) 태도를 보여왔으며, 고집스럽게 과거의 미덕과, 정전의 신성불가침성과 "우리가 정전을 연구해온 방식"의 우월함—지성계와 학계에 불안하게 나타난 여성학, 민족학, 게이 연구, 문화 연구, 탈식민 연구에 대해 갖는 우월함—만을 칭송해왔을 뿐 아니라, 무엇보다 인문학의 중심 관념에 대한 관심이 실종되고 또 그 가치가 추락하고 있는 상황을 보여주고 있지요. 위대한 문학 텍스트의 중심성은 이제 대중문화나 급부상한 급진적 철학, 정치학, 언어학, 정신분석, 인류학과 같은 이질성에 의해 위협받게 되었습니다. 인문주의의 헌신적인 실천이 지닌 신용을 훼손하지는 않았더라도, 이러한 모든 요소들은 인문주의라는 이데올로기의 신용을 상당 부분 훼손했다고 볼 수 있습니다.

그러나 언제나 그렇듯이 이 경우에도 어떤 것이 잘못 사용되고 있음을 공격하는 것이 그 자체를 완전히 파괴하거나 해체해버리는 것과 동일시되어서는 안 된다는 점은 강조할 필요가 있습니다. 마찬가지로 저는 몇몇 인문주의 실천가들의 평판을 떨어뜨린 것은 인문주의의 악용이지 인문주의 자체가 신용을 잃었기 때문은 아니라고 생각합니다. 그러나 지난 4~5년간, 엄청나게 쏟아져 나온 책과 글은 반인문주의적 시도—대부분의 경우 비유럽인, 이민자들과 관련된 정치나 공공정책에서 오용된 인문주의를 향한, 종종 이상적인 비판이었습니다—에 대해 과잉반응을 보이면서 문학의 죽음 또는 인문주의의 실패와 같이 일어날 것 같지 않은 우울한 사건을 소란스러울 정도로 분석함으로써 새로운 변화에 답했습니다. 문학 연구라는 실천에 대해 이 같은 맹렬한 넋두리를 늘어놓았던 이들은 린 체니, 디네쉬 드수자, 로저 킴벌처럼 노여워하는 전통주의자들이나 미숙한 논객들이었습니다. 이런 넋두리는 또한 좀 더 이해할 만한 방식으로 젊은이들, 특히 대학원생에게서도 들을 수가 있는데요, 이들은 자신들에게 맞는 일자리가 없다는 사실 그리고 건강보험 혜택이나 정년 보장 또는 미래에 대한 어떤 전망도 없이 겸임이나 시간강사로 몇몇 학교를 전전하며 강의를 해야 하는 상황에 몹시 실망합니다. 때때로 유서 깊은 단체인 MLA*가 지금 위기의 원인인 듯 여겨지기도 하며, 이 사회에 존재하는 유토피아 같은 장소인 대학 자체가 공격 대상이 되기도 하지요.

  그럼에도 불구하고 인문학 전반이 대학에서 그 명성을 잃어버렸다는 것은 의심할 바 없는 사실입니다. 마사오 미요시가 이곳저곳에서 치밀하게 논의한 대로, 20세기 후반 미국의 대학은 대기업화되었고 변호, 의학적, 생명 기술적, 기업적 관심사들, 즉 인문학보다는 재정에 도움이 되는 자연과학 프로젝트에 더 몰두하고 있습니다. 미요시는 이어 인문학이—그가 옳게 가정하듯이, 회사 관리의 영역이 아니라 인문학자의 영역이지요—비현재성과 반半중세적인 야단법석으로

---

* Modern Language Association: 문학과 현대어(그리스어나 라틴어가 아닌) 연구를 위해 1883년에 설립된 단체로 미국에서 가장 영향력 있는 인문학 단체 가운데 하나다. 뉴욕에 본부가 있으며, 전 세계에 걸쳐 3만 명 이상의 회원이 있다.

전락했다고 덧붙이고, 아이러니하게도 이것은 현재적인 영역으로 새롭게 부상한 탈식민주의, 민족학, 문화 연구 같은 최신유행 때문이라고 지적합니다. 이들 학문의 유행은 사실상 인문학을 가치와 역사, 자유에 대한 비판적 탐구라는 본래적 관심사로부터 멀어지게 해, 단어-회전과 태평한 전문성이라는 공장으로 향하도록 하는데요,
이들 중 많은 것이 정체성에 기반하고 있으며, 그들의 전문용어와 변론은 서로 관심사가 맞는 이들이나 초심자, 다른 학계를 향하고 있습니다.
미요시는 이렇게 말합니다. 우리가 스스로를 존중하지 않는다면, 우리는 애도받지도 못하고 주목받지도 못한 채 사라지게 될 것이다. 스스로도 하지 않는 것을 어느 누가 해주기를 바랄 수 있겠는가? 인문학은 누군가에게 또는 어떤 것에 영향을 미치기에 무력하고 또 무해한 것이 되었습니다. 그렇다고 미요시가 인문학 또는 인문주의를 아예 일소해버린 것은 아니라는 점을 덧붙여야겠습니다. 오히려 그 반대이지요.

지금쯤이면 인문주의에 관한 논의에 많은 함축과 가정이 작동되고 있다는 사실이 이미 분명해졌을 것입니다. 인문주의가 일반적 교육, 특히 대학의 교과과정과 깊은 관련을 가진다는 점을 당연시 여기는 논의 안에서도 많은 함축과 가정이 작동하듯이 말이죠. 지금 바로 떠오르는 생각은 인문학이라 불리는 과목들의 집합체와 사회과학, 자연과학이라 불리는 집합체 사이의 분명한 구분입니다. 이같이 분리된 두 가지 문화에 대한 C. P. 스노우의 40년 전 논문*은 여전히 유효한 듯 보입니다. 최근의 생의학적 윤리, 환경 문제, 인권과 시민권을 둘러싼 논쟁처럼 복합적이고 학제적인 연구 영역을 떠올려보면, 이 두 영역이 상당히 중첩되어 있다는 걸 알 수 있는데도 말입니다.

지난 몇 세기 동안 "인문주의"라는 단어의 쓰임새를 돌아보자면, 사회과학이나 자연과학과 서서히 대립되는 가운데 꾸준히 확장된 주제와

문제틀이 출현했음을 알 수 있습니다. 이 중에서 제가 지금의 논의를 위해 간단히 가져다 쓰는 정의는 인문학이 세속적 역사와 인간노동의 생산물, 인간의 명확한 표현 능력에 관심을 둔다는 것입니다.
R. S. 크레인의 말을 빌려, 우리는 이렇게 말할 수 있습니다. 인문학은 "자연적 과정이나 물리학적, 생물학적 일반 법칙의 관점이나 집합적 사회 조건이나 힘의 관점에 입각한 설명만으로는 충분치 않은 … 그 모든 것들 안에 있다. 말하자면, 이 모든 것들은 우리가 보통 인간의 성취라 부르는 것이다."(crane I:8) 인문주의는 인간의 의지와 행위능력이 이뤄낸 형식의 성취 achievement of form입니다. 인문주의는 시장이나 무의식과 같은 체계나 비인격적 힘이 아닙니다. 이 두 가지가 작동하고 있음을 믿더라도 말입니다.

　　이렇게 말함으로써 저는 오늘날의 인문주의가 무엇인지 또 무엇일지라는 물음의 핵심에 놓여 있는 중대한 문제의 단면들을 들여다보게 됩니다. 훌륭하고 중요한 글쓰기에 대한 헌신적인 연구로 이해되는 인문학과 문학이 특별히 밀접한 관계를 가진다는 점을 우선은 밝혀두고 싶습니다. 이 점은 이 강의를 통해 제가 강조하고픈 사실이기도 합니다.

　　첫 번째 문제는 자주 제기되지만 인정되지는 않는 어떤 관계입니다. 태도 또는 실천으로서 인문주의는 언제나 선택적 엘리트—그들이 종교적 엘리트든 귀족적 또는 교육적 엘리트이든—와 관련이 있다는

---

* 스노우의 '두 문화'(1959)를 말한다. 흔히 스노우는 과학과 인문학의 구분을 중립적인 견지에서 비판하고 극복하고자 했다고 알려져 있지만, 스노우가 '두 문화'에서 강조한 것은 과학에 대한 인문학의 무지와 문학적 지식인에 대한 비판이었다. 이런 태도는 상당한 반발을 불러일으켰고 F. R. 리비스와의 격렬한 논쟁으로 이어지기도 했다.

것이 관계의 한 항이고요. 인문주의가 비판적이고 진보적으로 자유로운 정신을 낳는 민주적 과정이 되어야 한다는 또는 그 과정이 될 수도 있다는 생각에 엄격히 반대하는 태도가 다른 한 항입니다. 다시 말해 인문주의는 매우 제한적이고 까다로운 것으로 간주됩니다. 마치 엄격한 모임과 같죠. 대부분의 사람들을 배제하면서, 누군가를 모임의 구성원으로 받아들일 때에도 회원 자격을 확대하거나 제한적인 문턱을 낮추거나 참여하는 것을 편하게 하는 어떠한 것도 허용치 않고 규제하는 모임 말입니다. 1960년대와 1970년대 반인문주의적 혁명의 공격과 해산 명령이 불어닥치기 전까지 인문학부를 지배했던 이론은 T. S. 엘리엇, 후에는 남부 토지분배론자*와 신비평가들이었습니다. 다시 말해, 인문주의는 어려운 텍스트들을 읽고 연마하는 가운데 놀이나 즐거움, 세상사와의 관계 같은 것들을 끊어버리는 특별한 학식이었던 것입니다. 오직 압축적이고 어렵고 희귀한 형태의 예술만이, 적절한 훈련을 받지 않은 이가 접근하기는 불가능한 예술형태만이 파고들 가치가 있다는 믿음으로 생각할 때, 여기서 대표적 인물은 셰익스피어가 아니라 단테입니다. 엘리엇이 셰익스피어, 존슨, 디킨스 등을 심각하거나 진지하거나 성스럽게 고려하지 않으며 인색하게 늘어놓는 말들을 어떻게 잊을 수 있겠습니까? 또는 동시대라 할 F. R. 리비스의 글에서도 이와 거의 유사한 정도로 엄격하고, 심각한 확언, 진정으로 위대하게 고려할 만한 작품은 거의, 정말 거의 없노라는 확언을 발견할 수 있습니다.

    20세기 중반에 일어난 문학적 인문주의의 위기에 관한 여러 책 가운데, 리처드 오먼을 비롯한 이들은 이러한 전통적 신념의 패권과 점진적인 쇠락에 대해 흥미로운 논의를 전개했는데요, 이들은 인문학이 얼마나 자의적으로 현재의 역사와 정치, 경제라는 누추한 세계와 아무 관련이 없는 것으로 상상되고 교육되었는지를 보여줍니다. 후에

『이상한 신들 이후』*After Strange Gods*에 묶여 나왔던 1934년 버지니아 대학 강연에서 엘리엇이 한 말에 따른다면, 이러한 세상사들은 우리에게 황폐함과 무익함의 전경만을 보여줄 뿐입니다. 이러한 전통적 신념은 문학과 예술의 세계를 커다란 벽으로 분리하고, 문학의 형식성formality을 강조하고, (하이 모더니즘의 오독의 영향으로 인해 다소 과도하게 강조를 하죠) 지극히 고상한 종류의 글쓰기가 가져다주리라 여겨지는 영적인 구원으로의 나아감 또한 강조합니다. 문학과 인문학이 신성시하는 것은 거의 신성불가침이라 할 목가적 과거이며, 역사를 만들어가거나 변화시키는 과정은 아니라는 것이죠. 오먼은 이러한 전통적 신념들이 전문적 규범이 되면, 냉엄한 진리 추구, 초연함, 불참여가 문학 연구에 적절한 방향을 제시한다는 주장으로 이어지면서 너무나 쉽게 진부한 자기만족으로 굳어질 수 있다는 점을 지적합니다.

  엘리엇이 이끈 고등 영국 국교회식 인문주의의 세계로부터, 관대하게 일컬어 환원적이고 교훈적이라 할 수 있는 인문주의의 재출현으로 나아간 것이 진일보한 것은 아닙니다. 이 환원적이고 교훈적인 인문주의는, 처음 출간된 1987년 당시 반향을 일으키며 베스트셀러가 되었던 『미국 정신의 종결』*Closing of the American Mind*(솔 벨로가 서문을 쓴)의 저자 앨런 블룸으로 대표되는 편협한 종류의 교육적 보수주의자 또는 그러한 작업과 관련되어 있지요. 제가 이를 두고 재출현이라는 단어를 쓴 것은 블룸으로부터 60년 전, 신인문주의자들이라 불렸던 한 학파가 있었기 때문입니다.

---

* Southern Agrarians: 미국 남부에 뿌리를 둔 12명의 미국 작가를 말한다. 남부의 전통이 상실되는 것을 비통해 하며 산업화되어가는 미국을 비판한 이들은 미국 포퓰리즘의 중요한 보수적 흐름을 주도했다.

이 신인문주의자 학파의 주 멤버는 어빙 배빗, 폴 엘머 모어였는데요, 이들은 고전으로 전형화되는 (동어반복이지만) 고전적 세계관, 산스크리트, 몇몇의 기념비적 문학 작품과 언어들을 폐기했다는 이유로 미국의 교육과 문화, 학계를 이미 호되게 꾸짖은 바 있었습니다. 이것들은 벨로가 블룸의 책의 서문에서 "건강, 섹스, 인종, 전쟁"이라 불렀던 것들에 대한 해독제로서 이들 학파가 가르쳤던 것들입니다. 벨로는 이전의 신인문주의자들처럼 대학을 "해로운 세력들의 개념 창고"(Bellow, 18)로 이해했습니다. (이와 관련해 읽어서도 안 되고 가르치지도 말아야 하는 저작들에 대한 정교한 논의로는 로저 샤턱의 탄복할 만한 책 『금지된 지식』Forbidden Knowledge을 보십시오.)

블룸과 그의 선지자들이 공유하고 있는 것은 공통의 소화불량적 어조와 더불어 제멋대로인 개인주의, 불미스런 유행, 비非정전 교육 모두에 인문주의의 문이 열려 있다고 여기면서, 그 결과 진정한 인문주의의 명예가 완전히 실추되지는 않았더라도 침범되었다고 본다는 점입니다. 이는 달갑지 않은 비유럽인들이 갑자기 너무나 많이 "우리의" 문 앞에 나타난다는 말을 다른 방식으로 이야기하는 것입니다. 노벨상 수상작가인 벨로의 『새믈러 씨의 흑성』Sammler's Planet에는 성인과도 같은 인문학자 새믈러 씨 앞에서 이름없는 한 아프리카계 미국인 버스 승객이 자신의 바지를 내려 성기를 노출하는 것을 묘사하는 장면이 나옵니다. 바로 이 순간, 벨로 본인과 블룸이 (그리고 그들에 앞서 배빗이) 새로운 정신에 대해 진정으로 싫어했던 면모를 벨로가 현대적이고 자유주의적으로 묘사하고 있다는 건 슬프지만 분명한 사실입니다. 앨런 블룸—그의 책은 리처드 호프스타더가 미국적 삶의 반지성주의라 부른 것의 가장 밑바닥을 보여주는 것처럼 보입니다—이 생각하는 이상적인 교육이란 탐구와 비판, 의식의 인문주의적 확장이라기보다는 엄격한 제한일 따름이며, 끝내 남는 것은 한 움큼의 엘리트 무리와 몇몇의 그리스, 프랑스 계몽주의 작가들로 구성된 반 움큼의 읽기 목록, 그리고 상대적으로 해가 적은 브리짓 바르도나 요코 오노 같은 적들의 길디 긴 목록들입니다. 유감스럽게도 블룸의 책은 독창적이라 할 수 없는데요, 그 이유는 그가 잘 다루는 것이 도덕화하는 환원성moralizing reductiveness이라는 유쾌하지 않은 미국적 경향(헨리 제임스가 오래 전에 한탄한 바 있던)이며, 이는 하지 말아야 할 것과 읽지 말아야 할 것, 문화로 간주할 것과 그렇지 않을 것이라는 공식의 형태를 취합니다. 이러한 사실의 훌륭한 예시는 헨리 제임스가 매슈 아널드에 대해 쓴 에세이입니다. 이 글에서 제임스는 미국에 대해 "이 나라에서는 문화에 대한 호기심이 극단적이라 할 수 있다. 어느 지역의 문화가 무엇으로 구성되었는지를 확실히 알 수 없을 때, 그 불확실성을 포착하려는 거대한 소망이, 시도로나마, 도처에 존재한다"(제임스, 730)라고 씁니다. 블룸은 대학을 문화의 본성이라는 문제에 대한 해결책으로 간주하기보다는, 그의 선배들인 배빗, 모어, 노먼 포어스터처럼 이 시대가 물질주의를 묵인하고, 지나친 대중적 경향과 경박한 비윤리적 움직임을 보이는 것에 비위를 맞추는 대학 자체를 문제로 봅니다. 그렇지만 배빗과 그의 추종자들이 보이는 편협함과 어조의 단조로움, 끊임없는 불평을 담은 훈시들을 참고 들어주는 곳이 대학 말고 또 있던가요?

    1920년대와 1930년대의 신인문주의자들을 읽고자 할 때, 앨런 블룸을 염두에 두지 않고서, 그리고 역사학자 잭슨 리어즈가 미국의 반모더니즘이라 부른 것을 이들 안에서 발견하지 않고서 읽기란 어려운 일입니다. 이들 인문주의의 숭배자들은 신성화되었다 할 과거(모든 것들이 "더 잘 정비되어 있었던" 시절)를 숭상하고 몇 되지 않는 엘리트

독자나 작가에 대한 처방을 내리면서 도도하게, 때론 절망하면서 규범의
몰락을 근대성 그 자체와 동일선상에 놓습니다. 이 신인문주의자들은
오르테가 이 가세트가 그의 유명한 소논문인 『예술의 비인간화』*The
Dehumanization of Art*에서 열어두었고, H. G. 웰즈와 키플링, 블룸스베리
집단, D. H. 로렌스 같은 유별나게 보수적인 영국 지식인들과 모든 이들
중에서 가장 낭만주의적인 반모더니스트인 초기의 루카치가 걸었던
그 길을 따라 걸었습니다. 이 모든 경우 가운데, 가장 확고한 믿음의
중추가 되는 것은 대중적인 것과 다문화적인 multicultural 것을 은밀하게
동일선상에 놓는 일, 다언어적 민주주의를 한 편에 두고 무시무시한
인문주의적·미학적·윤리적 규범의 쇠퇴를 다른 한 편에 놓으면서 이
둘을 동일시하는 것입니다. 상황이 이렇게 되면, 적절히 선별한 특권적
엘리트에게 구제를 바라며 의지하게 됩니다. 미국의 경우 이러한
엘리트들은 율법 폐기론자들의 전형적인 고집스러움을 가지고 있지요.
이러한 구제가 벌어지는 곳이 바로 타락한 이들 대학이며, 블룸과 그의
추종자들은, 주의 깊게 정비된 교과과정과 불순물을 제거하듯 정화해
소규모로 다듬은 학생 구성이 이러한 대학의 문제들을 바로 잡을 수
있다고 말합니다. 오직 적절한 교육만이 새로운 엘리트를 탄생시킬 수
있으며, 문체와 더불어 극단적으로 엄격한 블룸에게 끌린 확실한 대중
독자들을 확보한 이런 엘리트는, 특별하다고 할 수 있는 대중적 호소력을
갖게 됩니다.
그러나 전통적 가치의 유산과 정수를 복원할 것을 주장해서 역시 큰
대중적 갈채를 받았던 윌리엄 베넷의 거대한 웅변 앞에서 상대적으로
세련된 블룸의 수사는 이내 압도당하고 맙니다. 이 모든 것들은
9/11 이후 미국이 공공연하게 내건 악과의 끊임없는 전쟁을 정당화하는
수단으로서 다시 한번 부활해 돌아왔습니다. 블룸이나 베넷이 대중의

정신에 가하는 이러한 격렬한 공격이 다수의 평범한 미국인들을 향한 불만으로 표출된다는 것이 얼마나 이상한 일인지 모르겠습니다. 말 그대로, 자기를 부정하거나 훼손하지 않고서는 특혜를 누리는 위치에 오를 수 없는 이들, 블룸이나 베넷이 특권화된 엘리트를 위해 지키려고 애쓰는 그 위치에 오를 수 없는 이들을 향해서 말이지요. 미국은 현재 라틴계, 아프리카인, 아시아인이 북유럽인보다 더 많은 이민 사회입니다. 왜 이러한 사실이 "우리의" 전통적 가치와 유산 안에서 숙고되어서는 안 되는 것입니까?

잭슨 리어즈는 신인문주의자들과 이후 그 추종자들을 낳았던 반모더니즘의 미국적 변종을 한 편에 두고, 미국 사회의 꽤나 특별한 현재적 상황들의 집합체, 예컨대 전쟁 숭배나 영적 황홀경, 화려한 소비, 기분 좋은 자기성취 추구 등을 다른 한편에 두면서 이 둘 사이의 연결고리를 이끌어냅니다. 이 복잡한 문제들을 여기서 다룰 수는 없지만, 외부인의 눈으로 볼 때 이런 반모던적 정서는 인문주의의 즐거움과 발견을 별다른 고려 없이 해제해버리는 유감스런 찡그림, 단호한 거부, 호통 치는 금욕주의를 통해 가장 효율적으로 상징화됩니다. 제가 말하는 근본적인 인문주의 정신은 에라스무스의 바보(우신)Folly와 라블레의 텔렘의 수도원*, 콜라 디 리엔조*의 덕Virtú입니다. 이들 가운데 어느 것도, 또는 아레티노, 몽테뉴, 피치노, 토머스 모어의 어느 것도 신인문주의자들과 이후 그들의 추종자들이 보인 무감동과 거부를 표현하는 그 신랄한 입놀림과는 관계가 없습니다. 오히려, 신인문주의의 완고한 노력에서 나온 것은 놀라울 정도로 편협한 맹목적 애국주의라 할 수 있습니다. 이러한 맹목적 애국주의는 미국이 분명 이질적인 사회이고, 공화주의가 닿을 수 있는 가능성의 최대치에 이데올로기적으로 기여하고 있으며, 물려받았거나 만들어진 엘리트나 귀족과는 배치된다는 사실을 놀라울 정도로 축소해버립니다.

오늘날 들려오는 한탄에 귀 기울여봅시다. 규범의 부재를 탓하고, 페리 밀러*와 더글라스 부시*의 시절을 그리워하며, 인간의 역사와 노동의 세계와는 격리된 문학만을 이야기하려 하며, 여성학과 젠더 연구, 아프리카 문학과 아시아 문학의 존재를 개탄하고, 인문학과 인문주의가 영어 교육을 받은 선택된 소수의 특권, 즉 진보와 자유, 근대성이라는 미망에 의해 오염되지 않은 자들의 특권이라 여기는 이 한탄을 듣고 있노라면, 미국과 같이 근본적으로 다문화 사회인 곳에서 어떻게 이러한 상투적인 말이 울려퍼질 수 있는지 설명하기 어려우실 겁니다. 교육적·문화적 이상으로서의 인문주의에 대한 믿음이 상세하게 짠 배제의 목록, 선택되고 공인된 소수의 저자와 독자의 득세, 관대하지 못한 거부의 논조에 수반될 수 있는 것일까요? 저는 아니라고 답하겠습니다. 왜냐하면 이 특정 공화국의 시민인 우리가 인문주의라는 것을 이해한다는 말은 그것을 민주적인 것으로, 모든 계급과 환경에 열려 있는 것으로 이해한다는 뜻이며, 또한 끊임없는 상기와 발견, 자기비판, 해방의 과정으로서 이해한다는 뜻입니다. 저는 더 나아가 인문주의가 곧 비판이며, 이 비판이란 대학 안과 밖의 사건들이 처한 상황 속으로 우리를 인도한다고 주장하겠습니다. (이는 스스로를 엘리트 육성으로 내세우며, 편협하게 트집 잡는 인문주의가 취하는 입장과는 전적으로 거리가 있지요.) 그리고 이 비판의 힘과 현재성은 그 민주적·세속적·개방적 특성에서 비롯된다고 말하고 싶습니다.

실로, 인문주의의 실천과 시민 참여의 실천 사이에 모순이라고는 존재하지 않습니다. 인문주의는 철회나 배제에 관한 것이 아닙니다. 오히려 그 반대이지요. 인문주의의 목적은 해방과 계몽에 쏟은 인간 노동과 에너지의 산물들, 더 중요하게는 집합적 과거와 현재에 대한 인간의 오독이나 오해 등을 비판적 검토의 대상으로 만드는 것입니다. 교정되거나 개선되거나 전복될 수 없는 오해는 없었습니다. 다시금 반추해 그 고통과 업적을 마주했을 때 온정적으로 이해될 수 없는 역사도 없었습니다. 반대로, 폭로하고 해명하고 비판할 수 없는 수치스럽고 비밀스런 불의나 잔인한 공동체적 형벌, 명백한 제국의 지배 계획과 같은 것도 없었습니다. 이 모든 것은 인문학 교육의 중심에 있습니다. 모든 종류의 계급과 인종들에게 영구적인 퇴보라는 유죄판결을 내리며, 어떤 이들은 자유 시장의 논리에 따라 무시와 가난, 질병, 퇴보에 적합하고, 어떤 이들은 새로운 엘리트로의 진입을 가능케 해주는 두뇌 집단 기획과 정책들의 혜택을 받는 것이 마땅하다는 가장 질 나쁜 다원주의를 증명—이 단어 선택이 옳다면—해주는 이른바 신보수주의적 철학이 동의하지 않더라도 말입니다.

제가 지금까지 기술해온 이 첫 번째 문제 또는 증후군이, 근대적인 것에 대한 사회적 거부를 옹호하면서, 그리고 보다 오래되고 보다 인문주의적인 진정한 이성적 연합으로 가정된 것—소수의 엘리트 또는 신비적cabalistic 유사 귀족 안에서 구현되는—을 옹호하면서 시작하고 또 끝이 난다면, 다음으로 제가 논의하고 싶은 인문주의 담론 안의 이슈 또는 문제는 인식론적인 것입니다. 이 문제는 소위 전통적이라거나

---

* Abbe Theleme: 라블레의 『가르강튀아와 팡타그뤼엘』 1권에 나오는 수도원. 수영장을 갖춘 이곳에는 성무일과를 위한 시계도 없으며, 수도사들은 하녀의 시중을 받으며 지낸다. 이 수도원은 신학의 룰레를 벗어난 이상적 사회를 표상한다.
* Cola di Rienzo(1313~54): 이탈리아 중세의 정치가, 민중지도자로 로마의 호민관으로 일했다.
* Perry Miller(1905~63): 미국 지성사 연구가로 하버드 대학 교수를 지냈다.
* Douglas Bush(1896~1983): 미국의 문학 이론가, 비평가로 하버드 대학 교수였다. 사이드가 비판하는 텍스트주의 비평의 대표적인 인물이다.

정전이라고 일컬어지는 것과, 우리시대를 지적으로 대변하는 새로움의 달갑지 않은 개입 사이에 발생하는 가상의 대립에서 시작됩니다. 유감스럽게도 우리가 이미 찾아낸 무력한 곤경이 여기서도 되풀이됩니다. 물론 우리는 전문용어와 무지로부터 언어를 지켜야 합니다만, 모든 새로운 것이 얼마나 타락하고 또 못마땅한지를 드러내는 징후로 이들을 이해할 필요는 없습니다. 모든 언어는 변화로 인해 다시 생기를 얻습니다. 여러분께서 평가할 수 있는 만큼의 시기와 문화에서 인문주의와 비판—이 둘은 전적으로 관련되어 있습니다—의 모든 역사를 한번 생각해보십시오, 그러면 여러분은 위대한 인문주의적 성취가 그 시기 예술이나 사상, 문화에서 새로운 진리라 할 법한 것, 새로운 것을 구성하고 그 새로움과 관계하고 또 그것을 수용하는 중요한 경험 없이 존재하지 않았다는 사실을 깨닫게 될 것입니다. 예컨대 에우리피데스의 마지막 작품이자 최대 걸작인 『바쿠스 여신도들』은 정확히 새로운 것에 저항하는 내용을 담고 있습니다. 하지만 그 노력이 성공적이지는 않았지요. 이는 또한 모든 전통적 대가들 중에서도 가장 위대한 요한 제바스티안 바흐에게서도 마찬가지입니다. 그의 작품은 캐논 형식의/규범적인canonical 독일 대위법의 최고봉이면서 당시 최신이었던 프랑스와 이탈리아 춤 양식의 영향을 처음으로 받아들였던 것이기도 합니다.

  이러한 일반적인 법칙의 예를 들자면 끝도 없습니다. 이러한 일반 법칙은 전통적인 것이나 정전에 대한 존중이 동시대 예술이나 사상의 혁신에 반대하는 것이라는 반동적이며 보수적 테제를 완전히 일축해버립니다. 이는 발터 벤야민의 보다 간결하면서 진실된 언명, 즉 모든 문명의 역사는 야만의 역사라는 말의 반향입니다. 벤야민의 이 문구가 제게는 본질적으로 비극적인 인문주의의 진실로 다가옵니다. 인정받은 문화는 건강하다, 순수하고 궁극적으로 복잡할 것 없는 구원의 방식으로 그러하다고 믿는 신인문주의자들에게서는 절대 찾아볼 수 없는 면모이지요. 그러나 이 자리에 오신 모든 분들에게 미국은 약속과 희망 속에서 새로움을 대변하기 때문에, 미국의 인문주의를 항상 새롭고도 독특한 형태로 존재하고 또 여기에 도착하는 그 어떤 에너지, 충격, 놀라움, 빗나감과 단호히 연관지을 만한 충분한 이유가 있다고 생각됩니다.

세계가 과거 어느 때보다 점점 더 통합되고 인구가 서로 뒤섞임에 따라, 국가적·민족적 정체성이라는 개념 전체가 수정되었고, 또 제가 알고 있는 대부분의 곳에서, 수정되어가는 중입니다. 북아프리카에서 온 무슬림, 중동에서 온 쿠르드, 터키, 아랍인들, 서동 인도인들, 여러 아프리카 국가들에서 온 사람들 모두가 영국, 스웨덴, 프랑스, 독일, 이탈리아, 스페인을 비롯한 유럽 여러 곳의 집합적 얼굴을 변화시켜오고 있습니다. 국적과 인종, 종교가 기이하게 뒤섞이는 가운데 라틴 아메리카의 독특한 역사가 구성되며, 인도, 말레이시아, 스리랑카, 싱가포르를 비롯한 아시아 국가로 눈을 돌려보면 아프리카 국가에서 보듯 거대한 언어와 문화의 다양체가 존재하고 또 그들 모두가 일상의 평범한 사건 속에서 평화로운 공존과 상호작용을 하며 살아갑니다. 중요한 것은 19세기 정치사상에서 물려받은 낡은 관습, 즉 통합되고 일관성 있는 동질적 국가·민족 정체성이 현재 재숙고의 과정을 거치고 있으며 이러한 변화들을 사회와 정치의 각 영역마다 느낄 수 있다는 점입니다. 예컨대 미국의 대 이라크 전쟁에 프랑스와 독일이 반대했던 데에는 이들 국가에 거주하고 있는 상당수의 무슬림과 아랍 소수자의 역할이 컸다는 점을 떠올려볼 수 있습니다. 학교의 교과과정이나 의복, 미디어 프로그램, 공적 담론 등이 지난 이삼십 년간 출현한 이 새로운 뒤섞임으로부터 영향을 받았습니다. 남아프리카 한 곳만 보더라도,

지금 11개의 공식 언어가 존재하고 있으며, 교육기관은 어떻게든 이를 고려해야만 합니다. 미국의 실제 사정도 문화의 다양성과 다원성에서 그다지 다르지 않습니다. 한 가지 유감스러운 결과라고 한다면 이러한 면모를 단언적이다 못해 호전적이고 명명백백한 미국적 정체성에 대한 합의로 동질화할 필요를 느끼고 있다는 점입니다. 전통의 창조는 이미 너무나 번창하는 사업이 되었습니다.

    몇몇 어원학자들은 정전을 뜻하는 "캐논"canon("캐논적"canonical이라 할 때와 같이)이라는 단어가 아랍 단어인 "콰눈"qanun과 관련이 있거나 "캐논"이라는 단어의 구속적이고 법리적 의미를 고려할 때 법과 관련이 있다고 봅니다. 그러나 이는 다소 제한적인 의미라고 할 수 있습니다. 음악의 경우를 볼까요. 이때 캐논은 보통 서로를 엄격히 모방하는 다수의 목소리를 배치하는 대위법적 형식으로서, 요컨대 선율의 진행과 유희, 구상, 수사적 의미에서 창조를 표현하는 형식입니다. 이렇게 볼 때, 캐논적인 인문학이란 고정된 규칙의 고집스런 목록이거나 과거로부터 우리를 위협하는 역사적 기념물—바그너의 오페라 「뉘른베르크의 명가수」*Die Meistersinger Nürnberg*에서 젊은 발터의 실수를 채점하는 베크메세처럼—이 아니라, 변화하는 감각과 의미의 조합에 언제나 열려 있는 것입니다. 캐논적 작품의 모든 독해와 해석은 그 작품을 현재 속에서 새롭게 소생시키며, 재독해의 계기를 제공하며, 근대적인 것과 새로운 것이 폭넓은 역사적 영역 안에서 같이 자리잡을 수 있도록 합니다. 이러한 폭넓은 역사적 영역이 지니는 유용함이란 역사를 여전히 구성되어 가고 있는 논쟁적 과정으로서 우리에게 제시한다는 것입니다. 역사가 이미 끝났다거나 완전히 정착했다고 보지 않는다는 말입니다.

    수년에 걸쳐 조너선 스위프트에 경탄하며 연구했던 제가 보기에 스위프트에겐 유감스러운 면이 있었습니다. 『서적 전쟁』*The Battle of* the Books에서 현대인들보다는 고대인들에게 더 공감하는 대목에서 잘 드러나듯이, 스위프트가 과거에 대해 갖는 태도가 비타협적이고 완고하다는 점입니다. 그러나 예이츠의 독법을 따라 스위프트를 지금껏 찾아볼 수 없었던 악마적이고 거친 작가로서 수정주의적으로 읽게 되면서 그 생각은 바뀌었습니다. 예이츠는 보다 관대한 태도로 스위프트의 내적 세계가 본질적으로 그 자신과 끊임없이 갈등하고 있으며, 이 내적 세계는 아도르노적인 방식이 그렇듯 충족되지 못하고 타협되지도 않으며, 화해도 불가능하다고 조망합니다. 스위프트의 내적 세계는 잔잔한 고요함을 보여주지도 않고, 변하지 않는 질서로 고정되지도 않았다는 것입니다. 그러니 이것은 캐논이라 할 만한데요, 우리가 멀리서 숭배할 수도 있고 좀 더 적극적으로 다뤄볼 수도 있는 그러한 캐논, 니체와 에머슨이 몹시 한탄했던 생기 없는 역사적·기념비적 태도를 피하려는 노력 속에서 근대성의 면면들을 활용하면서 다뤄볼 수 있는 그러한 캐논 말입니다.

세 번째이자 마지막 문제로 넘어가보겠습니다. 인문학의 역사적 실재presence에 관한 한, 두 가지 견해가 끝없는 논쟁 속에 있습니다. 하나는 과거를 본질적으로 완전한 역사로 해석하는 것입니다. 다른 하나는 역사와 과거 자체를 여전히 해결되지 않은 것으로, 여전히 구성되어 가고 있는 것으로 보면서, 역사가 여전히 부상하는 것, 반란적인 것, 대가 없는 것, 미개척인 것들의 존재와 도전에 열려 있다고 봅니다. 혹자들이 지적하듯이, 본래 대리석으로 마감이 되어 있는 듯한, 우리들이 그 앞에서 고개 숙여야 하는 서구의 정전이라는 것이 존재할 수도 있습니다. 그런 과거가 존재할 수도 있습니다. 그리고 우리가 이런 과거를 존경해야 할 수도 있습니다. 이런 일들에 호의적인 분들도 계시겠지만, 저는 아닙니다. 저는 이러한 것들이 그다지 흥미롭지도 않고, 타당하다거나 창의적이라는 생각도 들지 않습니다. 게다가 제가 앞서 말씀드린 대로, 모든 문화, 모든 장소들이 지금 경험하고 있는 것은 과거와 현재 모두와 관련된 자기 정의, 자기 검토, 자기 분석이라는 거대한 과정입니다. 아시아, 아프리카, 유럽, 라틴 아메리카 모두 그렇습니다. 거만한 미국 학계가 이 모든 것은 너무나 혼란스러운 과정이며, 그렇기 때문에 우리는 그리스-로마 전통으로 돌아가길 원한다고 말하는 것은 우스꽝스러운 짓입니다. 인간의 역사가 끊임없는 자기 이해와 자기 실현의 과정임을, 그리고 이것이 백인, 남성, 유럽인이자 미국인인 우리만을 위한 것이 아니라 모든 이들을 위한 것이라는 사실이 인문주의의 본질임을 인식하지 않는다면, 실로 아무 것도 보지 못하는 셈입니다. 지구상에는 또 다른 지적 전통이 있고 또 다른 문화가 있으며 특유의 정신들이 있습니다. 이 세기가 배출한 명민한 텍스트 독해가이자 유럽적 뿌리와 훈련을 거친 미국의 인문학자로 말년을 지냈던 레오 스피처가 쓴 뛰어난 문장은 우리의 문맥에 더할 나위 없이 적절합니다. 그는 이렇게 말합니다. "인문학자는 인간 정신을 탐구하는 인간 정신의 힘을 믿는다."(spitzer, 24) 스피처가 유럽 정신이나 유럽 정전만을 말하는 게 아니라는 걸 놓치지 않아야 합니다. 그는 인간 정신 자체 tout court를 말하고 있습니다.

　이러한 포용력 있는 시야를 해럴드 블룸*에게서는 찾아볼 수 없습니다. 해럴드 블룸은 정전적 인문주의라 불리는 오만한 유미주의의 가장 극단적 형태를 보여주는 대중 연사가 되었습니다. 블룸의 눈부신 재능도 자신이 스스로 대표한다고 여겼던 것에 대해 가장 거칠고 가장 맹목적인 공격을 가하는 것을 막지 못했는데요, 블룸은 와일드적 유미주의에 대한 충격적인 오독을 했습니다. 와일드는 아일랜드 독서가들 가운데 가장 관대하면서 급진적인 인물이었고, 정통하지 못한 독자들이 여겼던 것처럼 독선적이라거나 얼이 빠졌다거나 유사-앵글로 귀족 같은 인물이 아니었습니다. 블룸은 자신이 경멸을 담아 원한resentment 학파라고 부른 것을 끊임없이 잡다하게 상기시키면서, 비유럽인, 비남성, 비앵글로 진영에서 갑작스럽게 나타난 지식인들이 쓰거나 말한 모든 것들을 여기에 포함시켰습니다. 아마 이들 지식인들은 블룸의 피곤한 예언자적 떠벌림에 동의하지 않겠지요. 우리는 더 위대하거나 덜 위대한 작품의 존재를 인정할 수 있으며, 전혀 흥미롭지 않은 작품의 존재도 인정할 수 있습니다. (모든 이가 모든 것을 좋아할 수는 없는 법입니다.) 그러나 저는 어떤 것이 우리의 것이 아니라는 이유로, 다른 관점과 경험에서 비롯했다는 이유로, 다른 작업 과정의 결과라는 이유로 인문학적으로, 본질적으로 흥미롭지 않다는 주장을 인정하기는 어렵습니다. 솔 벨로가 끔찍할 정도로 생색내며 이렇게 말하는 것처럼 말입니다. "줄루 프루스트Zulu Proust를 보여줘."

인문학 정전에 대한 블룸의 의견은 정신의 활기 넘치는 현존을 보여주기보다는 그 부재를 보여주는 것입니다. 블룸은 언제나 공개 강연에서 받은 질문에 대답하기를 거절하고, 다른 주장들에 개입하기를 거부하며, 그저 단언하고 확언하고 읊조릴 따름입니다. 이것은 자기 상찬이지 인문주의가 아니며, 물론 진일보한 비평도 아닙니다. 이런 종류의 피상성과는 관계하지 않아야 합니다. 새무얼 헌팅턴의 문명의 충돌 테제도 마찬가지입니다. 이 두 가지 경우 모두 호전적인 오만으로 이어지게 마련입니다. 이 둘 모두 문화와 문명을 흥미롭게 하는 것이

---

* Harold Bloom(1930~): 예일 대학교 인문학과 교수이자 유명한 문학비평가. 페미니즘, 마르크스주의, 신역사주의, 포스트모더니즘, 기호학, 해체론에 반대하고, 문학을 순수하게 미학적으로만 접근해야 한다고 주장하는 서구 정전의 대표적인 옹호자이다. 최근 국내에서도 블룸은 교양과 정전을 대변하는 상표가 되었다.

무엇인가를 근본적으로 오해하고 있습니다. 문화나 문명을 흥미롭게
하는 것은 그것들의 본질이나 순수성이 아니라, 조합과 다양성, 역행,
다른 문명들과 흡인력 있는 대화를 수행하는 방식에서 옵니다.
오랫동안 이어져온 모든 문화의 특성이라 할 수 있는 바, 요컨대
모든 문화 안에는 근본적으로 반권위주의적인 이견異見이 끈질기게
이어져오고 있다는 사실을 블룸과 헌팅턴은 완전히 놓치고 있습니다.
그토록 호전적인 권위주의자들인 블룸과 헌팅턴이 어떻게 오늘날
정전의 모습을 하고 있는 것이 어제의 반란자였다는 사실을 잊었는지
아이러니할 따름입니다.

    몇 가지 이유에서 저는 우리의 문화와 우리의 언어, 우리의 명작의
가치를 애국적으로 칭송하는 것에 갇힌 인문주의는 진정한 인문주의라
할 수 없다는 것을 다음 장에서 살펴보려 합니다. 인문주의는 역사 속
언어의 산물들과 다른 언어와 다른 역사를 이해하고 재해석하고 또
고심하기 위해 한 사람의 능력을 언어에 헌신하는 것입니다. 저는 오늘날
인문주의의 현재성을 이렇게 이해합니다. 인문주의는 "우리"가 이미 알고
느끼는 것을 다시 확인해 공고히 하는 방식이 아니라, 우리에게 상품화된
형태로, 이미 만들어져 논쟁의 여지없이 무비판적으로 코드화된
확실성과 같은 것으로 제시된 것들―여기에는 "고전"이라는 제목을 달고
모여 있는 걸작들도 포함되어 있습니다―에 대해 질문하고 그것들에
소란을 일으키고 재정식화하는 방식입니다. 우리의 지적·문화적 세계는
이제 간단하고도 자명한 전문적 담론의 집합체가 아닙니다. 이 세계는
해결되지 않은 기록들이 끊임없이 변동하며 빚어내는 불협화음―
끊임없이 분기하며 정교해지는 문화의 명료화를 두고 레이먼드
윌리엄스가 사용한 명쾌한 단어를 사용하자면―이라 할 수 있습니다.

    그러므로 언어는 우리가 인문학자로서 출발하는 지점입니다. 이

말을 특정한 미국적 맥락에서 다시 표현하는 가장 좋은 방법은, 제가 여기서 관심을 가졌던 부분이지요, 리처드 포이리어의 책 『문학의 재건』 The Renewal of Literature의 한 부분을 인용하는 것입니다. "정신의 문제"라는 제목이 붙은 에머슨에 관한 장에서 포이리어는 이렇게 말하고 있습니다. 에머슨에게 "물려받은 문화 중에서 가장 강력하고 피할 수 없는 도구가 언어이다." 그리고 언어는, 제가 이 강의에서 계속 말해왔던 것처럼, 인문주의에 기본적인 재료를 제공할 뿐 아니라 문학에 가장 풍부한 계기를 제공한다고 포이리어는 말합니다. 언어는 유연하고 융통성이 있지만, 우리에게 "사회적·문화적 운명"을 부여하는 것이기도 합니다. 이런 이유로 포이리어는 "우리는 먼저 사회적·문화적 운명이 무엇인가를 알아야 한다. 궁극적으로 이 운명의 형태는 우리가 배움에 사용하는 언어이다"라고 말했던 것입니다. 저는 인문주의를 염두에 두면서, 우리 자신을 알기 위해 언어를 사용한다는 점을 여기에 덧붙이겠습니다. 포이리어는 현명하게 이어갑니다. "언어는 또한 그 안에서 우리가 가장 효율적으로 우리 자신의 운명에 대한 이견異見을 등록할 수 있는 장소이기도 하다. 수사적으로, 익살을 떨면서, 패러디를 반복하면서, 방언의 에너지가 인가된 전문용어들에 대항하도록 하면서 말이다. … 언어는 언어의 장벽을 돌파할 수 있는 유일한 방법이다."(72) 이어지는 장에서 저는 오늘날 언어와 인문주의적 실천에서 일어나고 있는 변화들을 좀 더 상세하게 이야기할 예정입니다.

2

인문학 연구와 실천의 변화하는 토대

문명의 충돌이니 문화의 갈등이니 하는 이야기에
귀 기울이지는 않도록 합시다. 이는 우리 대
그들 구조 중에서도 최악의 종류이며, 최종 결과는
언제나 시야를 피폐하게 하고 편협하게 할 뿐입니다.
계몽과 이해의 심화와는 거리가 멉니다

이 책을 읽고 준비하면서, 국내외의 인문학이 처한 처지에 관심을 두는 다양한 논문과 심포지엄, 보고서 등을 어쩔 수 없이 찾아보아야만 했습니다. 이 모든 것들은 후기 빅토리아 시대 영국에서 끊임없이 증식하는 듯 보였던 이른바 영국의 팸플릿과 학문이 처했던 조건을 제게 상기시켜주었습니다. 아마도 제 연구의 가장 괄목할 만한 결과라고 한다면 누가 어디서 언제 누구를 향해 글을 쓰고 말을 하든지 간에, 인문학은 언제나 깊고 막다른 곤경에 처해 있는 것처럼 보인다는 사실을 밝혀냈다는 점입니다. "위기"라는 단어는 여기서 피할 수 없습니다. 1950년 위스콘신 대학의 클린스 브룩스, 네이선 푸시, 하워드 멈포드 존스에게도 그러했고, 이보다 한참 나중 사람들, 즉 1988년 5월 뉴욕 주립대와 미국 학술협의회의 초청으로 스토니 브룩에 모였던 후대 사람들, 조너선 컬러, 조지 레빈, 캐서린 스팀슨과 같은 저명한 학계인사들에게도 "위기"는 피할 수 없는 것입니다.

이들 사이에는 40년이라는 시간차가 있지만, 진지하게 상황을 염려하고 있는 이 미국의 학자와 비평가들은 너무나 유사한 용어들을 사용하면서 시대 전반을 한탄하고 있습니다. 기술, 전문화, 거친(스토니 브룩에 모인 이들은 분명히 적대적이라 표현하고 있는) 대중적 분위기 등이 점점 더 인문학에 침입해 들어오고 있다고 진단합니다. 우선 상황에 대한 자기 비판이 끝나고 나면, 이 둘은 인문학의 중요성을 강조하는 경구들을 반복해 울립니다. 이러한 경구에 동의하지 않기는 어렵습니다. 왜냐하면 인문학자들이 위반해서는 안 되며 오히려 그 질을 높여 다양하게 강조해야 하는 인간성의 핵심(매우 웅변적인 언어로 명기되어 있지요)이 존재한다는 걸 이 두 집단이 주장하고 있기 때문입니다. 이는 마치 앨리스가 크로켓 경기에서 눈속임을 하기 위해 자신의 뺨을 때리는 것과 비슷합니다.*

한 시대에서 다른 시대로 이행하면서도 변하지 않은 것은 무언의 감정입니다. 이 감정이란 각자의 영역에서 신뢰할 만한 주장을 펼치는 유명한 인물을 모으는 것을 연중 목표로 삼는 이러한 종류의 회합이야말로 숱한 교실 수업과 강의, 도서관 검색과 학문적 교류(이것들 중 대부분이 확실히 일반적 시각에서는 보이지 않는 것인데)가 공적이고 한시적으로 영향력을 행사하는 하나의 정점이라는 것입니다. 이러한 생각은 수업과 비평의 실천이 또 다른 시대로 이어질 수 있다고 확신하며, 다음에 이어질 이러한 모임을 기대하도록 합니다. 이것을 비하할 생각은 없습니다. 제가 지난 강의에서 밝혔듯이, 인문학과 인문주의는 구성적으로 수정과 재숙고, 재생을 필요로 합니다. 일단 인문학이나 인문주의가 전통이라는 미라로 굳어버리면, 그들 자신의 본모습이기를 그치며, 숭배와 억압의 도구가 되어버리고 맙니다.

　좀 전에 언급했다시피 "위기"는 표어라 할 수 있습니다. 실상 인문학은 "위기"에도 불구하고 비틀거리면서도 이어져오고 있기 때문에, 우리가 지금 거짓 소동을 피우고 있는 것은 아닌가 하고 거듭 물을 필요가 있습니다. 그렇다고 제가 거드름을 피우는 것은 아닙니다. 제2차 세계대전 이후 지금까지 미국의 인문주의가 계속된 위기와 더불어 주요한 변환을 겪어왔다는 점은 분명합니다. 우리는 이제 통상적인 전술—인문주의적 가치나 위대한 텍스트, 위대한 저자로 돌아가자고 말하는 것—이 예전처럼 설득력을 갖지 못하며 잠시 동안은 아마도 이를 중단해야만 할지도 모른다는 일종의 불안감을 느끼기 시작하고 있습니다.

　저는 진정으로 대안적이고 보다 흥미로운 주장이 있다고 생각하고, 곧 그것에 대해 좀 다루어볼 생각입니다. 그러나 그전에 저는 변화가 분명 일어났다는 점을—때론 조용하게 대개는 적절히 다루어지지 않은 채로—밝히는 데에 집중해보고 싶습니다. 미국과 다른 곳에서 꽤 오랫동안 지속되어온 인문학과 인문주의적 실천의 근본적인 토대에서 변화가 있었습니다. 첫 번째 장에서 저는 이 오래된 실천을 대체로 아널드적Arnoldian인 것으로 특징지었습니다. 그러나 이 아널드주의를 집어삼킨 변화는 너무 거대해서 남아 있는 아널드의 영향이라는 것을 다소간 무시해도 좋을 정도입니다. 제가 여전히 주장할 수 있는 것은, 아널드나 엘리엇처럼 아마도 거의 본능적인 방식으로 훌륭하게 정착된 명작 목록들—이들이 보유한 힘은 우리 각자에게 그 또는 그녀만의 방식으로 너무나 크게 다가옵니다—을 계속 고수해야만 한다고 믿는 이들이 대다수라는 사실입니다.

세계의 거대한 변화를 그저 무시하고 예전처럼 나아가는 것도 한 가지 대안일 수 있다고 생각합니다. 이러한 태도가 현실 도피처럼 보이기도 하지만, 나름대로 매력적이었던 것도 사실이고, 특히 저처럼 잃어버린 대의에 열렬히 관심을 두면서 태생적으로 전 생애에 걸쳐 이러한 대의에 연루될 수밖에 없었던 사람들을 끌어당기는 것도 사실입니다. 그러나 저는 현실 도피자가 되지 말자고 제 자신을 설득하면서, 또한 현실을 회피하고 향수 어린 과거로 감상적인 후퇴를 하기보다는 문제를 합리적이고 체계적으로 다루는 편이 실제로 더

---

* 『앨리스의 모험』 1장에 나오는 구절이다. 토끼굴에 빠진 앨리스는 아름다운 뜰로 나가는 좁은 문을 통과하기 위해 몸을 작게 해주는 약이라 생각하는 것을 먹고는 황금열쇠를 꺼내려 하지만, 테이블 위에 놓인 열쇠에 손이 닿지 않아 그만 울음을 터트리게 된다. 이때 앨리스는 슬픔에 잠긴 자신과 그 자신을 위로하는 또 다른 자신으로 분리되어 마치 두 명의 사람인 듯 행동하는데, 이렇게 두 사람인양 행세하는 것을 좋아하는 소녀가 이전에 스스로와 크로켓 경기를 벌였던 일을 떠올리는 대목이다. (이후 8장에서는 여왕과 크로켓 경기를 벌인다.) 사이드는 미국의 비평가들이 인문학이 처한 상황을 비판하면서 동시에 인문학의 중요성을 강조하고 있는 것을 앨리스의 이 '두 사람 행세'에 빗대고 있다.

가능할 뿐 아니라 흥미롭다—전적으로 인문학적 견지에서—는 점을 독자들이 진정으로 깨달을 수 있도록 설득하고 싶습니다.

이번 장에서 저는 미국인으로서 우리가 연루된 세계적·역사적 상황 속에서 변화한 인문학 작업의 토대에 대해 말해보려고 합니다. 그리고 다음 강의에서는 이러한 새로운 맥락과 씨름하기 위해 유일하다 할 정도로 너무나 유용한 방안은 문헌학적-해석 모델로의 복귀라는 것을 논의할 예정입니다. 이 문헌학적-해석 모델은 150년 전 미국대학에 인문학 연구가 도입된 이래 미국을 지배했던 그 어떤 모델보다 더 오래되고 더 광범위한 기반을 가진 것입니다. 이렇게 말하는 것이 궁금증을 더 유발하는 것처럼 들릴 수도 있겠습니다. 마치 앨리스가 눈물 섞인 목소리로 자신은 다른 이가 될 때까지 그녀 자신으로 머물 것이라 말하는 것처럼 말입니다. 그렇지만 독자들의 양해를 당분간 구하겠습니다.

제2차 세계대전이 끝나고 냉전이 시작되면서 미국의 교육 정신은 중대한 변화를 맞이했습니다. 미국은 이른바 선한 전쟁을 끝냈고 자신이 가진 전 세계적 영향력을 새롭게 감지하기 시작했습니다. 동시에 세계 지배를 놓고 경쟁하는 단 하나의 국가가 있음을, 그리고 바로 이 대상과 거의 광적이다 싶은 방식으로 경쟁해야만 한다는 것을 심각하게 인식하기 시작했습니다. 물론 이렇게 생각할 수 있습니다. 그러니까, 냉전이라는 심각한 마니교적(이원론적) 구조는 오랫동안 지속되어 왔던 초기 미국 예외주의*와 미국의 정체성을 형성하는 근본인 그 유명한 '황야를 향한 사명'*—몇몇 식민주 역사가들이 논의했지만 저에게 설득력 있게 들리지는 않습니다—이 변모한 것이라고 말입니다. 이러한 인식들이 수사적으로 딱 맞아떨어진 때는 제2차 세계대전이 끝나고 나서 13년 뒤, 그러니까 소련이 1호 인공위성인 스푸트니크를 발사하던 시절이었습니다. "최고이자 가장 빛나야" 한다는 경쟁적 불안은 쿠바 미사일 위기와 베트남 전쟁, 1965년 인도네시아 봉기를 낳았습니다. 라틴 아메리카, 아프리카, 중동에서 일어난 숱한 소요는 말할 필요도 없습니다. 이러한 냉전의 문화적 긴장은 제가 살펴보았던 인문학 분야의 학회와 다양한 책들 속에 판에 박힌 듯 언급되었고, 또 개개의 학자들과 비평가들의 글에도 빈번하게 등장했습니다. 앞서 언급된 1950년 위스콘신 회의에 참여한 클락 K. 쿠에블러의 논문은 다음과 같이 시작합니다.

> 거북하지만 분명해지고 있는 점은 세계가 이데올로기 전쟁이라는 격동의 시기를 지나고 있다는 사실입니다. 제2차 세계대전은 이 전쟁의 또 다른 국면일 따름입니다. 우리는 관념과 이상을 놓고 싸우고 있습니다. 싸움이 계속될수록 우리는 인간이 무엇을 믿으며, 인간은 무엇이며 또 무엇을 하고 있는가를 점점 더 깨닫게 됩니다. "성격이 운명이다." 전체주의의 형태를 띤 모든 것에 대항해 민주주의를 위해 투쟁할 때, 우리는 일종의 고투를 하게 됩니다. 피상적으로 보면 이 싸움은 정치나 경제에 관한 것이지만, 근본적으로는 가치를 둘러싼 싸움입니다. 아이러니하게도, 전체주의자들이 믿는 가치는 너무나 분명하지만, 민주주의의 신봉자들이 고수하는 가치는 너무나 애매합니다.

---

* American Exceptionalism: 미국은 국가적 신조, 역사적 발전, 남다른 정치·종교적 제도를 가졌기 때문에 다른 선진국과는 질적으로 다르다는 생각으로 미국 우월주의를 뒷받침한다.
* Errand into the Wilderness: 미대륙에 처음 정착한 식민자들의 사명과 정체성을 통해 미국적인 것의 뿌리를 찾으려는 시도. 1장에서 언급한 페리 밀러의 대표적인 저서의 제목이기도 하다.

스스로에게 채찍을 가하는 쿠에블러에게서 느껴지는 이 혹독한 기운과 유사하면서도 더 거친 형태를 미국 정부가 문화자유의회*와 같은 기관을 통해 문화 정치에 개입하는 것에서 찾을 수 있습니다. 설득력 있는 논증과 증거자료를 보여준 신간에서(『누가 거물에게 돈을 주었는가? 』 『CIA와 문화적 냉전』) 영국인 저널리스트인 프랜시스 스토너 손더즈가 제시하는 풍부한 증거에 따르자면, CIA가 숱한 인문학 학술행사, 『인카운터』Encounter, 『데어 모나트』Der Monat, 『파르티잔 리뷰』Partisan Review 같은 저널, 상, 전시회, 콘서트, 뮤지컬 경연대회, 개개의 학자와 문필가, 지식인을 지원하는 데 쓴 2억 달러의 돈이 자유와 인문주의적 활동이라는 기치 아래서 전개된 문화적 작업에 지대한 영향력을 행사했습니다. 오해는 마시기 바랍니다. CIA가 문화적 삶을 경영한 것은 아닙니다. 그럼에도 불구하고 쿠에블러가 자연스럽게 암시했듯, CIA가 자유 대 전체주의라는 전 세계적 경쟁체제를 독려하고 또 여기에 개입한 이상, 자유와 민주주의적 가치의 이름으로, 공산주의적 전체주의에 대항한다는 명목 아래 재정적 지원을 받은 많은 이데올로기적 작업들이 인문학의 실천에 의미심장한 영향을 주었다고 가정할 만한 충분한 이유가 있다고 생각합니다. 이러한 지원이 인문학 부흥에 필요한 주요한 틀과 프로그램, 기회들을 웬만큼 제공했다고 말할 수는 있습니다. 아마도 미국이 낳은 가장 위대한 비판적 시 분석가일 R. P. 블랙머 같은 사색적이고 예민한 이조차도 록펠러 재단의 초기 협력자였는데요, 록펠러 재단은 블랙머의 유명한 프린스턴 세미나 시리즈(당시 에리히 아우어바흐, 자크 마리탱, 토마스 만 같은 인물들이 이 세미나에 참여했습니다)를 재정적으로 지원하고 제3세계 여행을 여러 번 주선했습니다. 이 여행의 주된 목적은 그곳에 끼친 미국의 영향력을 가늠해보려는 것이었죠.

그러나 손더즈가 책에서 언급하지 않은 것이 있습니다. 경쟁적이며

때로는 맹목적으로 국가주의적이며 애국적이었던 당시 분위기가
전적으로 냉전 때문만은 아니었으며, 분명히 근대 문화와 인문학이
지닌 근본적 인식론의 결과라는 점이 바로 그것입니다. 이 인식론은
자신들이 처한 상황을 모든 후대에 가해지는 새로운 위협이라 여깁니다.
바꿔 말한다면, 인문주의 문화에 가해진 이 같은 위협은 인간이 처한
상황 일반에 대한 사고의 본질 속에 깊이 뿌리박고 있는 듯 보인다는 것,
그리고 냉전은 이러한 경향성 가운데 하나였다는 것입니다. 카바피의
경이로운 시, 「야만인을 기다리며」Waiting for the Barbarians의 유감스러운
마지막 행은, 묘비명으로 어울릴 법한 아이러니를 담아, 적대적 타자가
그러한 상황에서 얼마나 유용한지를 보여줍니다. "그들은, 그러한 이들은,
일종의 해결사였다."

    매슈 아널드의 『문화와 아나키』Culture and Anarchy도 떠올려봅시다.
아마도 고급문화와 고급 인문주의에 대한 근대적 변호 중에서 가장
유명하다고 해도 무방할 이 책에서 그는 하이드 파크 폭동과 제2차
선거법 개정을 둘러싼 소요, 그리고 가우리 비스와나선*이 보여준 바
있는 인도와 아일랜드에서 계속되는 식민적 위기를 다룹니다. 아널드가
이러한 것들을 다루는 이유는 『문화와 아나키』라는 이 책의 제목—
여기서의 "와"and는 "대"versus로 대체할 수 있습니다—안에 방부제 처리된

---

* Congress for Cultural Freedom: 1950년 설립된 반공 단체로 1967년 미국 중앙정보부CIA가
이 단체의 설립에 깊숙히 개입했음이 밝혀졌다. 이후 문화자유연합International Association for
Cultural Freedom으로 이름이 바뀌었다. 한때 35개국 이상에서 활동했으며, 주요한 후원자로는
포드 그룹이 있다.
* Gauri Viswanathan: 컬럼비아 대학교 영문학·비교문학과의 대표적인 교수 가운데 한 사람이다.
지성사와 19세기 영국과 식민지 문화연구가 전공이다. 방대한 대담집이자 사이드의 지적 전기인
『권력, 정치, 문화』의 편집을 맡기도 했다. 사이드가 본문에서 언급하고 있는 책은 1989년에 펴낸
『정복의 가면: 문학연구와 인도에서의 영국통치』이다.

듯 갇힌 기본적 대립구조 중에서 더 좋다고 여겨지는 항을 변호하기 위해서입니다. 냉전의 그림자—자유 대 전체주의라는 지루한 수사는 말할 것도 없습니다—가 적어도 두 세대 동안 인문학적 실천을 차지하고 있었다는 것을 짐작하지 못할 바도 아니지요.

저는 보호적 또는 수세적 국가주의로서의 인문주의는 종종 그것의 이데올로기적 잔인함과 우월주의를 위한 복합적 기도문이라는 생각을 합니다. 물론 이런 점이 때때로 불가피할 경우도 있기는 합니다. 예컨대, 식민적 상황에서 억압된 언어와 문화를 부활시킨다거나 국가적 차원에서 문화적 전통과 자랑스러운 선조들을 내세우는 것(예이츠의 시를 영국적 규칙에 맞선 아일랜드 문학의 부활로 보는 것이 이에 해당하겠습니다), 그리고 위대한 국가적 고전들의 탁월함을 연구해야 한다고 주장하는 것, 이러한 것들은 납득할 만하며 이해할 수도 있습니다. 현재 팔레스타인 사람들의 경우라면, 음영시가 bardic poetry의 역할이나 이와 나란히 놓여 있는 인문학 연구와 정치적 분석에서의 민족적 스타일의 출현, 예컨대 역사나 민속·구전 전통 연구 분야, (지금까지는 성공적이지 않은) 국립 박물관과 도서관을 설립하려는 노력이나 팔레스타인 문학을 필수적인 정규 과목으로 제정하려는 시도 등을 그 예로 들 수 있겠습니다만, 대안으로 제시된 것은 민족 말살, 민족 소멸이었지요. 그러나 민족주의/국가주의가 국가의 독립을 얻어내는 데 성공한 문화에서는 외국인혐오가 과열될 위험이 있었습니다. 극단으로 치닫는 경우에는 배타적 속성을 갖게 됩니다. 특히 내란이나 종교적 분쟁의 형태로 드러날 경우에 더더욱 그렇지요. 모든 문화는 이러한 경향을 잠재적으로 내포하고 있습니다. 바로 이러한 이유 때문에 저는 인문학을 탐구의 비판적 감각과 관련짓고자 합니다.

줄리앙 방다 Julien Benda가 집합적 열정의 동원이라 부른 것과 연결짓기보다는 말입니다.

스푸트니크 사건 이후 미국에서 언어학을 국가적 관심사로 전환시켰던 국가방위교육법*의 타이틀 IX라는 프로그램은 분명 외부 위협의 변화에 대한 절박한 인식과 매우 직접적으로 연결되어 있고, 이는 인문학의 많은 논의들에 반영이 되었습니다. 비록 모든 행위나 학문적 기획이 그랬던 것은 아니지만 말입니다. 예컨대 몇몇만 열거해보자면 지역학이나 인류학, 역사, 사회학, 정치학, 언어학이 냉전적 관심사를 반영했음을 우리는 알고 있습니다. 이들 영역에 종사하는 이들이 모두 CIA로부터 재정지원을 받았다는 것은 아닙니다만, 지식에 대한 기본적 합의가 도출되기 시작했다고 말할 수는 있습니다. 이 합의점은 그 당시에는 명백히 드러나지 않았지만 이후 점점 분명해지고 있지요. 이는 분명 학계 인문학에서 당연하게 받아들여지는 사실이었습니다. 비정치적인 미적 분석이라는 생각이 예술의 공공연한 정치화—사회주의적 리얼리즘에서는 명백히 당연한 것으로 알려진—에 맞서는 방벽이라고 여기는 학계에서는 말입니다.

그러므로 특정 입장과 무관한 인문학자—전문 분야(이 말 자체가 매우 이데올로기적이며, 지식 관련 세계에서는 고도로 자본주의화되고 제도화된 개념입니다)가 문화이며, 그중에서도 예컨대 밀턴이나 18세기 신고전주의 또는 낭만주의 시를 연구하는—라는 관념이 20세기 후반의 반세기 동안 상당히 통용되었습니다. 저는 이러한 생각의 테두리 안에서 서구 문학을

---

* National Defense Education Act(NDEA): 소련이 미국에 앞서 최초의 인공위성 스푸트니크를 쏘아올리며 우주개발 경쟁에서 앞서 나가자, 위기의식을 느낀 미의회가 1958년 사교육과 공교육을 망라해 미국의 교육수준을 향상시키기 위해 1958년에 통과시킨 법이다.
여러 학문 분야를 포괄하고 있지만, 과학과 수학, 현대 외국어 교육의 진작이 주요 목표였다.

연구하는 학자이자 가르치는 선생으로서 훈련받았습니다. 적어도, 제가 굳건한 확신을 가지고 돌이켜보건대, 이러한 생각은 문학사에 대한 극단적으로 비정치적이며 경직된, 나아가 기술적인 관념입니다. 연속적 시기, 주요 작가, 핵심 개념 등은 연구와 비교분석, 주제 구성에는 적당하지만 인문학 자체의 이데올로기를 근본적이고 전복적으로 탐구하는 데에는 적절하지 않습니다. 이것이 제가 지적으로 훈련받아온 방식임은 분명하며 제가 누렸던 도서관 이용, 배움이 깊은 교수들과의 교류, 훌륭한 제도적 장치 등에 감사를 표하지 않을 도리는 없습니다. 분명히 배워야 할 것들이 있었고, 읽어내야 할 거대한 분량의 문학이 있었고, 내면화하고 존중해야 할 잘 조직된 위계 구조(주요 작가들, 연속성들, 소설, 서정시, 희곡과 같은 장르들, 소수 작가들, 운동들, 문체들 그리고 부차적 학문의 세계가 있습니다)가 있었습니다.

  그러나 중요한 점은 이러한 조직 모두가 지적으로 엄밀하고 체계적인 것만은 아니라는 사실입니다. 왜냐하면 인문학 교육은 결국 자유라는 기술되지 않은 개념에 관한 것이며, 이때 자유는 "더 나은" 현실이라 생각되는 것을 향한 비강압적인 태도—비록 승리주의적인 면모가 있다 하더라도—에서 나오는 것이기 때문입니다. 열기 넘친다고 할 수는 없지만 정교하다고는 할 수 있는, 이러한 조직의 정점이자 독특하게 격양된 초월적 표현은 1957년에 출판된 노스럽 프라이의 거작, 『비평의 해부』The Anatomy of Criticism입니다. 인문주의적 체계의 블레이크적이고 융적인 종합을 시도하는 게 이 책의 목표였습니다. 이 체계는 자체의 계절과 주기, 의식儀式, 영웅, 사회 계급, 유토피아적 전원시는 물론 도시 구성을 가지고 있는 축소된-삶-세계로 구성되어 있습니다. 프라이의 놀라운 발명의 핵심에는 블레이크가 신인human divine이라 부른 것, 즉 유대-기독교적인 유럽 중심적 규범의 체현으로서 기능하는 대우주적

인간이 있으며, 이것들은 모두 아널드나 신인문주의자들, 엘리엇이 각각의 차이에도 불구하고 공통적으로 선호했던 바로 그 문학을 참고하고 있습니다. 그렇지만 이 발견들을 무력하게 하거나 그 계획을 불쾌한 엘리트주의적인 것으로 만드는 부당한 서열매기기를 하고 있지는 않습니다. 프라이 역시 문학을 인문주의적으로, 자유주의적으로, 민주주의적으로 논하고 있다고 주장합니다. 그가 칭송하는 앵거스 플레처나 제프리 하트먼이 강조하는 것처럼 말입니다.

아널드, 엘리엇, 프라이와 그의 추종자들이 제시하는 도식, 전통, 연속성에는 공통적인 특성이 많습니다. 무엇보다 전적으로 유럽 중심적이고, 남성적이며, 장르 또는 프라이가 쓰는 말을 따른다면 원형으로 설명된다는 점을 들 수 있겠습니다. 예컨대 이 체계의 고정 관념에 따르면 소설이나 희곡 모두, 특정한 역사적·정치적·경제적(이데올로기적인 것은 말할 필요도 없이) 상황들, 그러니까 자신들을 탄생시켰던 상황과는 별 관계가 없습니다. 단언컨대 "여성의" 또는 "소수의" 글쓰기라 불리는 장르라는 것은 프라이의 체계 안으로 진입하지 못합니다. 인간의 행위능력과 노동이라는 인문주의적 세계—프라이는 이 세계의 결말을 평온하고도 호전적인 것으로 제시하지요—도 마찬가지입니다. 예컨대 국가/민족주의도 프라이가 논하는 서사 안에서는 별다른 역할을 하지 않습니다. 군주정이나 재무부, 식민 회사, 토지 개간 대행사 같은 제도의 힘에도 주의를 기울이지 않고요. 토지 자체의 정의와 소유권의 문제를 정밀하게 짚어내는 데에 주된 관심을 두는 셰익스피어, 제인 오스틴, 벤 존슨에도 관심을 기울이지 않는데요, 특히 아일랜드에 대해서 쓴 그리고 아일랜드인이 쓴 위대한 작품들을 외면하는 태도도 인상적입니다. 스펜서에서부터 예이츠, 와일드, 조이스, 쇼에게도 주의를 기울이지 않지요. 소유권을 둘러 싼 분쟁—그 싸움이 토지를 두고 벌어지든, 미국의 미개척지나 식민 지역을 두고 벌어지든—은 프라이와 그의 동시대인들, 그리고 그에 앞선 신비평가의 주목을 전혀 끌지 못했습니다. 블레이크나 디킨스, 제인 오스틴, 쿠퍼, 멜빌, 트웨인을 비롯해 고전을 탄생시킨 여타의 다른 작가들이 이러한 문제들을 언급하고, 심지어 작품의 중심에 놓고 있음에도 불구하고 말입니다. "인종" 역시 프라이가 절대 언급하지 않는 단어입니다. 노예제도, 이 지상의 천국을 유지하는 데 관계가 있던 노예제도 역시 어떤 관심도 받지 못하지요. 노예 문학, 가난한 이의 문학, 소수자의 문학 역시 마찬가지입니다.

물론 프라이의 작업은 눈부실 만큼 독창적입니다. 이 작업은 프라이 자신이 단호하게 스스로 정식화했다고 믿었던 과학적 인문주의 비평의 기념비로서가 아니라, 미국 인문학 내에서 점점 사라져가고 있었던 세계관의 마지막 종합으로서 기억될 것입니다. 저는 프라이의 작업이 거대한 번영과 힘이 지지하는 "자유주의적인" 세계관을 구축했는지, 야비한 실상을 포장하기 위해 적절히 꾸며대고 있는 것인지 확신하지는 못하겠습니다. 자 그럼 여기서 변화라는 주제를 좀 더 적극적으로 다루어볼까요. 제가 설명해왔던 인문주의적 세계관에서 중요한 역할을 하지만 상대적으로 덜 강조되어온 두 가지 요소에 대해서 살펴보도록 하겠습니다. 하나는 문학이 가정된 국가적/민족적 맥락 안에 존재한다고 보는 생각입니다. 다른 하나는 문학적 대상, 서정시, 비극 또는 소설이 안정적이거나 적어도 일관되게 구분 가능한 형식으로 존재해왔다는 가정입니다. 이 두 가정은 지금 모두 매우 혼란스러운 국면을 맞고 있습니다. 그렇기 때문에 오늘날 워즈워스의 송가가 18세기 영국 문학에서 비롯되었고, 한 외로운 천재의 작품이요, 팸플릿이나 편지, 의회의 논쟁이나 종교적, 법적 문서 등과 격리되고 구분되는 예술작품의 지위를 갖는다는 생각에 우리가 많은 의심을 보내고 또 이러한 설명이 불충분하다고 여기는 것이겠지요. 이러한 의심과 그에 상응하는 연구들, 즉 공동체에 대한 연구나 작가와 사회 구성체, 계급, 역사적 구조와의 관계에 대한 연구, 지식과 권력의 관계에 대한 연구들은 국가적/민족적, 미적 틀과 한계, 경계들을 거의 완벽하다고 할 수 있을 정도로 침식해 들어갔습니다. 그렇기 때문에 저자, 작품, 국가/민족 등은 예전처럼 옹호할 수 있는 범주들이 아닙니다. 물론 저자와 작품의 존재를 부정하는 건 아닙니다. (바보나 그렇게 부정하겠지요.) 오히려 저자와 작품의 존재 방식을 단순하지 않게 이해하고 다양화시키는 것이겠지요. 그렇게 해서 단호하게 말해온 확신들, 예컨대 워즈워스가 X 또는 Y를 썼으며, 그것은 이것이다 같은 말에 의심의 눈길을 던지는 것입니다. 하나의 관념으로서 워즈워스나 X, Y 각각은 한계, 설명적 효능, 인식적 깊이에 대한 회의적인 탐구를 피해갈 수는 없습니다.

적어도 18세기 중반부터 문학적 인문주의의 중심 교의였던 상상력이라는 관념 또한 코페르니쿠스적 전환이라 부를 만한 변화를 겪었습니다. 상상력이라는 용어가 본래 가졌던 설명력은 이질적이고 탈개인적인 관념들인 이데올로기, 무의식, 감정, 불안 등의 구조로 대체되었지요. 또한 홀로 창작이라 불리는 작업을 도맡았던 상상력이란 행위가 수행적 발화performatives, 구문들, 담론적 진술 등을—몇몇 경우, 이것들은 행위능력의 가능성을 모조리 없애버렸습니다. 다른 경우, 행위능력 또는 의지라는 것이 더 이상 주권적 권위를 갖지 못하게 되었고 이전에 행했던 기능들을 행할 수 없게 되었지요—포함하는 것으로 재정식화되었습니다. 심지어 어떤 비평가들에게는 문학작품을 창작이라고 보는 것 자체가 너무 많은 걸 가정하는 일입니다. 왜냐하면 "창작"은 기적 같은 착상이나 완전하게 자율적인 행위라는 뜻을 지나치게 함축하고 있기 때문입니다. 한때는 이런 생각들이 설득력을 가졌었지요. 도전에 직면하기는 했으나 상상력, "창작" 같은 단어와 관념이 단순히 사라져버렸다고 말하는 것은 아닙니다. 사라지지 않았지요. 그렇지만 종종 쓸모없다고 여겨질 만큼 많은 의심과 회의를 불러일으키는 듯 보이는 것도 사실입니다.

    저는 상상력이나 "창작" 모두 여전히 유용하다고 생각합니다. 왜냐하면 인문주의적 노력과 성취의 주요한 부분은 언제나 개인적 노력과 독창성에 기대기 때문입니다. 그럼에도 불구하고, 작가나 음악가, 화가들이 백지tabula rasa 상태에서 작업한다고 가정하는 것은 어리석은 일입니다. 세계는 이미 과거의 작품뿐 아니라 사적인 의식 주변으로 물밀듯이 밀려오는 거대한 정보와 담론에, 사방에서 감각을 치고 들어오는 막대한 양의 자료뭉치들과 사이버공간 속에 강하게 기입되어 있습니다. 우리가 의식하든 그렇지 않든 간에 패러다임과 에피스테메가 사고와 표현의 영역에 철저한 영향력을 행사한다는 사실을 상기시킨 것은 미셸 푸코와 토머스 쿤의 상당한 공헌입니다. 이 영향력은 개인적 발화의 본성을 틀 짓거나 변화시킵니다. 도서관과 문서보관소의 지식 보관, 개념의 형성을 총괄하는 규칙, 표현적 언어의 어휘 목록, 보급의 다양한 체계 등에 관여하는 메커니즘은 개개인의 정신으로 진입해, 개인성이 어디서 끝이 나고 공적 영역이 어디서 시작되는가에 대해 절대적인 확신을 할 수 없도록 만듭니다. 그럼에도 불구하고 저는 미적 작품은 물론이고 철학자, 지식인, 공적 인물들이 행한 진술들을 다루면서, 평범하지 않은 것에서 평범한 것을, 비범한 것에서 범상한 것을 분리할 수 있는 것이 인문주의적 연구·독해·해석의 특징이라고 주장하고 싶습니다. 인문주의는 고정관념idées reçues에 대한 저항이라 할 수 있습니다. 인문주의는 모든 종류의 클리셰와 부주의한 언어에

반대합니다. 제가 이 부분에 대해 다시 말씀을 드리겠습니다만,
우선은 저의 가장 큰 관심사는 사회경제적 조건들에 의해 결정된 (또는
드물게 미리 결정된) 인문학의 결실이 아니라, 이러한 조건들과 개개의
인문학자들 사이의 대립과 적대의 변증법임을 강조하고 싶습니다.
순응이나 정체성도 제 관심사가 아닙니다.

    사적 영역과 공적 영역 사이의 관계가 바뀌면서 나타난 중요한
관점상의 변화에 관해 좀 더 이야기해볼 필요가 있습니다. 당대에
널리 대중적 인기를 누렸던 디킨스나 셰익스피어의 경우에도, 강단
인문주의자들은 최근까지도 이들을 자격을 갖춘 독자의 입장에서—
독자는 모든 인문주의의 중심적 특성이지요—연구했습니다. 쉽사리
공적 탐구의 대상이 될 수 없는 근본적으로 고상하고 정신적인 본성의
사적이고, 내적이며, 사색적인 경험이지요. 사생활이라는 개념과 더불어
이 모두가 최근에 논쟁적인 상황에 처했다고 말하는 것이 과언은
아닙니다. 사적 영역과 공적 영역 사이의 새롭고 소란스런 교섭, 서로가
서로를 침투하고 수정하는 이 관계는 기반 자체를 완전히 바꾸었다고
말할 수 있습니다. 아르준 아파두라이가 『고삐풀린 현대성』*Modernism
at Large*에서 말한 대로, 이민과 전자 미디어 같은 힘들이 현재의
문화생산과 교육의 형태를 주조하는 역할을 맡게 되죠. 아파두라이는
이러한 영역에서의 주요 변화들을 분석합니다. 예컨대, 디아스포라
공동체가 정착된 공동체를 대체하고, 새로운 신화 예술mythographies과
환상이 정신을 활기 있게 만들기도 하고 둔감하게 하기도 하며,
새로운 차원의 소비가 전 세계의 경계를 가로질러 시장에 활기를 띠게
한다는 것이지요. 인문학 작업에 대한 이해, 즉 누가 읽으며, 언제, 무슨
목적으로 읽는가와 같은 질문들이 들끓고 있으며, 이러한 질문들은
미적 관심의 순수한 황홀경이란 상태를 밀쳐냅니다.

컬럼비아에서 제가 가르친 수업의 학생 구성도 크게 바뀌었습니다. 제가 처음 교편을 잡았던 1963년에는 거의 대부분 백인 남성이었던 구성이 오늘날에는 다인종적, 다언어적 남성과 여성으로 바뀌었지요. 인문학이 한때는 고대 그리스, 로마, 히브리 문화에서 비롯된 고전 텍스트 연구였지만, 현재는 그야말로 다문화적 배경을 갖는 다채로운 독자들이 이전에 무시되었거나 목소리를 들을 수 없었던 사람들과 문화의 다양한 집합체를 점점 더 요구하고 또 여기에 주의를 기울입니다. 잊힌 사람들과 문화들은 한때 아무런 경쟁 없이 유럽 문화가 차지하고 있던 공간을 침식해 들어가고 있습니다. 고대 그리스나 이스라엘 같은 집단이 누리던 특권은 이제 바람직한 정정 작업에 들어갔습니다. 본래적인 것으로 여겨지던 그들의 편의가 상당부분 축소되었지요. 최근까지 아리아인의 근거지로 여겨졌으며 오염되지 않은 백인 유럽문화가 연이어 샘솟았던 아테네 그리스는 이제 아프리카인이나 셈족과 관계된 역사와 피할 바 없이 마주하게 됩니다. 이와 마찬가지로 고대 이스라엘은 성서학자들에 의해 다시 소개되고 있는 중인데요, 후기-철기 시대, 다문화적 팔레스타인 역사인 인종과 민족의 복잡한 뒤섞임 속의 한 요소―지배적인 요소가 아니라―에 불과한 것으로 드러나고 있습니다. 현 미국 인문주의의 이 같이 복잡한 양상들이 가져온 결과들에 대해서는 이후에 다시 말씀드리려고 합니다.

그러니, 본질적으로 유럽중심적인 방식으로 교육받은 저희 세대의 학자와 선생들에게 인문학 연구의 풍경이나 지형도는 극적으로, 생각건대 돌이킬 수 없이, 바뀌었습니다. T. S. 엘리엇, 루카치, 블랙머, 프라이, 윌리엄스, 리비스, 케네스 버크, 클린스 브룩스, I. A. 리처즈, 르네 웰렉 같은 이들은 모두 유럽과 북대서양(E. P. 톰슨은 이를 두고 나토폴리탄Natopolitan이라 불렀지요)의 고전, 교회, 제국, 전통, 언어, 걸작들 그리고 정전성canonicity, 통합, 중심성, 의식 등의 이데올로기적 기구에 언어적으로, 형식적으로, 인식론적으로 기반을 둔 정신적·미적 우주에 거주했습니다. 이 모든 것들은 현재 좀 더 다양하고 복잡한 세계에 그 자리를 내주고 있습니다. 모순적이고, 율법폐기론적이며 대조적인 흐름이 이 안에 있지요. 유럽 중심적 비전은 냉전 시절 좀 더 불명예스럽게 사용된 전력을 가지고 있습니다. 그리고 앞서 제가 말씀드렸다시피 1950년대와 1960년대 인문학 훈련을 받은 저와 같은 세대의 학자들에게 이 유럽 중심적 비전은 마치 배경처럼 당연히 거기에 있는 것처럼 느껴졌습니다. 교실, 학문적 담론, 공적 토론 같은 전경에서 인문주의가 면밀하게 숙고되기보다는 대단히 경솔한 아널드적 방식으로 계속 이어져오고 있는 동안 말입니다.

  냉전의 종식은 1980년대와 1990년대의 문화전쟁이 반영하고 있는 많은 변화들의 시기와 일치합니다. 국내에서는 반전, 반인종차별 투쟁이 있었고, 인문학과 사회과학의 주류에서 주변화되거나 이와 대립하는 영역들, 역사, 인류학, 페미니즘, 소수자 연구를 통해 드러나는 세계 각지의 강력한 항의의 목소리들—재발견된 예전의 목소리에 기초한 것이죠—이 점점 늘어나기 시작했습니다. 이 모두는 21세기 초입에 접어든 오늘날 우리가 가진 인문주의적 관점의 느리고도 거대한 변화에 기여했습니다. 한 가지 예를 들어봅시다. 새롭지만 학계에 모습을 드러내기까지 꽤나 문제적으로 지연되고 또 억압되었던 아프리카계 미국인 연구는 다행히 동시에 두 가지 일을 해낼 능력이 있었지요.

  첫 번째는 고전적인 유럽중심주의적 인문주의적 사고의 공식적인, 아마도 위선적이라 할 수 있는 보편주의에 의문을 제기했습니다. 둘째로, 아프리카계 미국인 연구의 현재성과 시급함을 현재 미국 인문학의 중요한 요소로 정립했습니다. 이러한 두 가지의 변화는 차례로 어떻게 인문학이라는 개념 전체—꽤 오랫동안, 아프리카계 미국인이나 여성, 혜택받지 못하고 주변화된 집단의 역사적 경험을 배제해 왔습니다—가 국가 정체성이라는 위력적인 개념에 의해 지탱되어왔는가를 드러내주었다고 할 수 있습니다. 적어도 여기서의 국가 정체성은 전체 사회를 대표한다고 여겨지는 매우 작은 집단에 할당되어 축소되고 제한되는 것입니다. 그러니 국가 정체성 개념은 이 사회를 이루는 커다란 부분을 빠뜨리고 있습니다. 이 빠뜨린 부분을 포함시키는 편이 미국의 이민과 다문화적 현실을 보여주는 끝없는 부침, 불쾌한 폭력 등에 실제로 더 가깝습니다.

콜럼버스가 미국에 상륙한 지 500주년이던 1992년은 그의 업적과 동시에 이곳에서 그의 존재가 상징하는 여러 가지 무시무시한 파괴를 둘러싼 논쟁을 새롭게 할 기회였습니다. 이러한 논쟁에 대해 전통적 인문학자들은 영적인 영역으로 가정된 신성을 침범하는 것이라면서 개탄하겠지만, 이러한 주장은 그들에게는 역사가 아니라 신학이 인문주의를 능가하는 권위를 가진다는 것을 확인시켜줄 따름입니다. 우리는 발터 벤야민의 언명, 모든 문명의 역사는 야만의 역사라는 말을 잊어서는 안 됩니다. 인문주의자는 특히 이 말의 의미를 정확히 인식할 수 있어야 합니다.

오늘날의 인문주의가 서 있는 곳이 바로 여기입니다. 오늘날 인문주의는 이전에 고상한 프로테스탄트적인 방식으로 억압했거나 의도적으로 무시했던 것들에 주의를 기울이라는 요구를 받고 있습니다. 초기 르네상스 고전 인문주의를 연구하는 신 역사가들(예컨대 데이비드 월러스 같은 이)은 마침내 페트라르카와 보카치오 같은 인문학의 우상들이 "인간"을 칭송하면서 지중해 연안의 노예무역에 대한 반대에는 동요하지 않았던 상황에 대해 탐구하기 시작했습니다. 미국의

"헌법 창시자들"과 국가적인 영웅들을 기리던 지난 몇 십년의 시기가 지나자, 이제 그들이 노예제도나 미국 원주민들 축출, 토지를 소유하지 않은 자와 남성이 아닌 이들을 착취했던 일에 의심스럽게 연루되었던 것에 주의를 기울이고 있습니다. 한때 배제되었던 이름 없는 이들과 "[인문주의의] 그리스-로마적 성상이 식민지에서 산산이 무너져내리고 있다"라고 한 프란츠 파농의 말 사이에는 분명한 관계가 있습니다. 다른 어느 때보다 최근의 인문학 연구자들이 우리 시대의 비유럽적이고, 젠더화되고, 탈식민화되고 탈중심화된 에너지나 흐름과 공명하고 있는 것이 사실이지요. 그렇지만, 이렇게 질문할 수 있습니다. 이것이 실제로 무엇을 의미하는가? 무엇보다 이러한 사실이 의미하는 것은 인문주의의 중심에 비판을 위치시켰다는 점이며, 이때 비판이란, 민주주의적 자유의 형식이자 끊임없이 질문하고 지식을 축적하는 실천이며, 구성되어가는 역사적 현실들—탈냉전의 세계, 냉전의 초기 식민 형태, 오늘날에 마지막으로 남은 열강의 위협적인 전 세계적 지배력—을 거부하기보다는 그 현실에 열려 있는 것입니다.

    이러한 현실이 과연 무엇인가에 대한 윤곽을 제시하는 일은 저의 역할도 아니고 오늘 이 자리가 그런 이야기를 논하는 곳도 아닙니다만, 이렇게는 말씀드려볼 수 있겠습니다. 국가주의적/민족주의적 또는 유럽 중심적 인문주의가 과거에 잘 기능했다면, 이제는 앞서 제가 약술했던 많은 이유들로 인해 기능하지 못한다고 말입니다. 우리가 살고 있는 사회는 역사와 문화적 정체성이 한 가지 전통이나 인종, 종교에 제한될 수 없는 곳입니다. 스웨덴이나 이탈리아처럼 오랫동안 동질적으로 보였던 곳도 이제는 이민자나 망명자, 피난민들의 거대한 유입으로 상황이 완전히 바뀌었다고 할 수 있습니다. 이러한 유입은 오늘날 세계에서 가장 중요한 단 한 가지 인간적 현실이 되었다고도

할 수 있겠지만, 미국에서는 처음부터 인구학적으로나 문화적으로
핵심적 특징을 이루었던 측면이지요. 이러한 변환이 의미하는 바는
진정성이나 토착성의 우위를 주장하는 순수혈통중심의 문화 전통이
이제는 매우 명백한 오류일 따름이며 오도된, 이 시대의 근본주의적
이데올로기라는 점입니다. 이러한 이데올로기에 여전히 매달려 있는
이들은 곡해자이며 환원주의자, 근본주의자이자 거부자이며, 이들의
교리는 그들이 생략하고, 모욕하고, 악마화하고, 비인간화했던 점에 대해
아마도 인문주의적 견지에서 비판받아야만 할 것입니다. 우리 모두가
또는 우리 가운데 일부의 인간 군상들이 돌이킬 수 없이 뒤섞이는
가운데, 확실한 것은 어느 정도 우리는 모두 외부인이라는 사실이며,
그보다는 덜할지라도 거의 유사한 정도로, 동시에 내부인이기도 하다는
것입니다. 모든 사람은 서로 구분 가능한 비미국적(요컨대 이민적 또는 미국
이전의) 토착 전통을 가지고 있으며, 동시에—바로 이점이 미국의 특이한
풍요로움인데요—모든 이가 자신의 것에 인접해 있는 다른 정체성 또는
전통에 대하여 외부인입니다. 진지하게 문자 그대로 고려할 때 그렇게
고려해야만 합니다. 이러한 사실은 우리가 다음과 같은 생각,

즉 소수자나 혜택 받지 못한 희생자든, 아니면 우세한 유럽
중심적 문화 전통의 구성원이든지 간에, 내부인은 특정 집단의 본래적
구성원이라는 미덕에 근거해 특정한 역사적 경험이나 진리를 대변하는
불가침의 권리를 갖는다는 생각을 떨쳐버리도록 합니다. 그렇습니다.
우리는 비판적으로 답해야 합니다. 집단의 경험—미국의 경험 가운데
일부로 확실히 특별하고 환원할 수 없는 개별적 중심을 가지면서도, 다른
경험들과 세속적 맥락을 공유하는—을 표현하고 대변하는 데에
특정 집단의 구성원만이 결정적 (또는 어느 정도는 유일한) 권한을 가질 수는
없는 것입니다.

여기서 "세속적"worldly이라는 단어가 핵심적입니다. 이 개념은 제가 실제 역사적 세계를 가리키기 위해, 그 영향으로부터 우리 누구도 이론적으로나 실제적으로 분리될 수 없는 이 세계를 가리키기 위해 줄곧 사용해왔습니다. 제가 『오리엔탈리즘』에서 강조점을 두어 이와 유사한 점들을 논증했던 것을 떠올려봅니다. 저는 서양 전문가들의 동양, 동양인 재현을 비판했습니다. 제 비판은 모든 재현이 본성상 흠결을 갖는다는 전제에 입각해 있었고, 이러한 재현들이 어떻게 세속성과, 요컨대 권력, 지위, 이해관계와 깊이 관계하고 있는가를 다루었습니다. 이 때문에 제 작업이 진짜 동양을 옹호할 의도가 없다고 밝혀야 했고, 이는 진짜 동양이 존재한다는 점에 관해서도 마찬가지였습니다. 저는 어떤 재현이 다른 것에 대해 갖는 순수성을 결코 옹호하지 않았으며, 경험을 표현으로 전환시키는 어떤 과정도 오염으로부터 자유로울 수 없다는 점을 꽤 상세하게 진술했습니다. 이 과정은 이미, 그리고 필연적으로 권력, 지위, 이해관계와 얽히면—이것들의 희생자든 아니든— 오염되게 마련입니다. 제가 의미하는 세속성은 정확히 문화적 차원에서 모든 텍스트와 모든 재현은 세계 안에 있으며 세계의 숱한 이질적 현실들에 지배된다는 것입니다. 말하자면 세속성은 오염과 연루를 피할 수 없습니다. 다양한 집단과 개인의 역사와 그 존재로 인해 그 누구도 물질적 실재라는 조건으로부터 자유로울 수 없기 때문입니다.

    이러한 사실은 오늘날 미국의 인문학자에게 가장 잘 적용될 텐데요. 이들이 해야 할 일에 대해서는 제가 거듭 강조해도 모자랄 정도입니다. 다른 여러 가지의 전통을 하나의 전통으로 통합하거나 확정하는 것이 이들의 역할이 아닙니다. 오히려 이 모든 전통들을 가능한 한 많이, 서로에게 열려 있도록 하는 것, 서로가 서로에게 어떻게 관계하는지를 질문하는 것, 특히 이러한 다언어 국가에서 어떻게 많은 전통들이 상호작용하며—무엇보다 중요하게는—평화로운 방식으로 상호작용을 계속할 수 있는가를 보여주는 것입니다. 이때 평화로운 방식을 찾아내기란 결코 쉽지 않습니다만, 이전의 유고슬라비아나 아일랜드 또는 인도 아대륙, 중동 같은 다문화 사회들에서 그 선례를 찾아볼 수 있습니다. 요컨대 미국 인문주의는 그 자체의 맥락과 역사적 현실이라는 전형적인 상황 덕으로 이미 시민적 공존의 상태에 있으며, 인문주의는 미국의 관료주의가 널리 유포한 세계관에 대항하여—특히 미국 바깥의 세계를 다루는 데에—고집스럽고 세속적이며 지적인 저항을 합니다.

 이들 다문화 사회에 모든 종류의 불공평과 불균형이 존재하는 것이 사실이지만, 만약 인문학자가 적절한 공존 (분리와는 반대되는) 모델을 제공한다면 각각의 민족적 정체성은 이러한 문제들을 근본적으로 인식하고 대체할 수 있습니다. 저는 인문학자의 임무가 바로 이러한 모델들을 제공하는 데 있다고 믿습니다. 제가 교화나 명목상의 인종차별주의 폐지, 교양 있는 시민성에 대해 이야기하고 있는 것은 아닙니다. 문학적 인문주의 연구에서 제공하는 공존에 대해서는 다음 장에서 제가 구체적으로 다룰 생각입니다. 여기서는 게으른 자유방임형, 자기만족형 다문화주의를 제가 염두에 두고 있는 것이 아니라는 점을 강조하고 싶습니다. 이러한 것들이 통상적으로 논의되기는 하지만 저와는 정말로 아무런 상관도 없는 것입니다. 제가 염두에 두고 있는 것은 좀 더 엄밀하고 지적이며, 합리적인 접근입니다. 이미 말씀드렸다시피, 이러한 접근은 세속적이고 통합적인 방식 속에서, 격리나 분리와는 구별되는 방식 속에서 문헌학적으로 독해한다는 것이 무엇을 의미하는가, 동시에 우리 대 그들이라는 대단히 환원적이고 범속한 사고에 저항한다는 것이 무엇을 의미하는가에 대한 엄격한 이해에 기초하고 있습니다.

 물론 우리의 역사나 전 세계에 걸친 근대적인 경험의 일반적인 행보가 우리에게 보여주는 부정적 사례들이 많습니다. 폐허, 황폐, 끝없는 고통을 흔적으로 남긴 이러한 부정적 모델 중에서, 특히 세 가지 정도에 주목해볼 만 합니다. 국가/민족주의, 종교적 광신, 배타주의입니다. 이는 모두 아도르노가 동일성의 사고라 일컬은 것에서 유래합니다. 이 셋은 미국의 헌법과 기본 사상이 적극적으로 장려하는 문화적 다원주의의 상호성과는 배치됩니다. 국가주의/민족주의는 예외주의라는 확실한 해악과 "비미국주의"—이로 인해 우리의 현대사는 유감스럽게도 볼썽사나운 모습이 되었습니다—라는 다양한 편집증적 교의를 낳았을 뿐 아니라, 애국적 주권과 개별성의 서사를 가져왔는데요, 이러한 서사들은 적들에 대해 호전적이면서, 문명의 충돌이나 미국의 운명현시설*, "우리의" 본래적 우월함을 내세우지요. 또한 국가주의/민족주의는 (오늘날) 전 세계정치에 있어 오만한 개입 정책이라고 할 수 있는 것을 불가피하게 야기했기 때문에, 유감스럽게도 이라크 같은 곳에서 미국은 가혹한 비인륜성, 치명적이라 할 수도 있을 만큼 두드러지게 파괴적인 결과를 가져오는 정책들과 동의어가 되었습니다. 이러한 종류의 미국적 국가주의의 결과가 실제로 완전히 파괴적이고 나아가 비극적이지 않다면 오히려 희극적일 것입니다.

    종교적 광신은 인문주의적 기획에 가장 위험한 위협일 것입니다. 왜냐하면 이것은 본질적으로 명백히 반세속적이며 반민주적인 성격을 가지고 있고, 일종의 일신교적 형식을 갖춘 정치로서 말 그대로 무자비하게 잔인하고 논증 자체가 완전히 불가능하기 때문입니다. 9/11 이후 이슬람 세계에 대한 부당한 논평들은, 이슬람이 본래 폭력적이고

---

* manifest destiny: 미국이 북미 전체를 지배하고 개발할 운명이라는 주장.

잔인한 종교이며 광란적 근본주의와 자살 테러에 온 정신을 쏟는다는 대중적 통념을 낳았습니다. 악명 높은 오리엔탈리스트인 버너드 루이스 같은 이들이 협력하고 부추기는 이러한 시시한 이야기들을 계속해대는 "전문가들"과 복음 설교자들은 수도 없이 많습니다. 이같이 명백한 프로퍼갠더(이 단어의 문자적 의미 그대로)가 용인된다는 것은 이 시대의 지적·인문학적 빈곤의 상징이라고 할 수 있겠습니다. 더 비참한 노릇은 이러한 주장이 기독교, 유대교, 힌두교 근본주의에 대한 최소한의 참조도 없이 용인된다는 사실입니다. 극단적인 정치적 이데올로기로서, 이들 종교의 근본주의도 이슬람교 못지않게 잔혹하고 또 참혹했습니다. 이 같은 광신 모두 본질적으로는 같은 세계에 속해 있는 것입니다. 분열증적으로 서로를 이용하고, 서로 경쟁하고 싸우는데, 무엇보다 심각한 것은 이들 모두 누가 더 낫다고 할 수도 없이 역사에 무관심하고 편협하다는 것입니다. 인문주의적 소명의 가장 중요한 부분은 원숙한 세속적 관점을 온전하게 유지하는 일입니다. 스스로의 잘못에 대해서는 고분고분 눈을 감고 지나가면서 이국의 악마들에 대해서는 공격적인 기회주의자나 중립주의자들(단테는 이들을 일컬어 "치욕도 없고 명예도 없이 살아온 사람들"*이라고 했지요)을 따르기보다는 말이죠. 종교적 광신은 누가 그것을 옹호하거나 실천하든지 종교적 광신일 뿐입니다. 이러한 종교적 광신에 대해 "우리 것이 당신 것보다는 낫소"라는 식의 태도는 용서받을 수 없습니다.

제가 말하는 "배타주의"는 피할 수 있는 시야 제한을 뜻합니다. 이 제한된 시야는 다른 집단의 업적이나 그 업적의 결실을 의도적으로 걸러내는 자화자찬식 서사만을 과거 안에서 발견해냅니다. 미국, 팔레스타인, 유럽, 서구, 이슬람을 비롯한 우리 시대의 "큰" 이름들은 혼성적이며, 얼마간은 구성되었고 또 얼마간은 만들어졌지만 큰 틀에서는 부여된 전체입니다. 이러한 이름들을 선택적 구성원을 가진 제한적 집단으로 환원하는 일은 제가 이미 말씀드렸던 바처럼 우리 시대 인문학에서 빈번하게 일어났습니다. 정치나 종교처럼 맹렬히 논쟁하는 세계에서조차 문화는 서로 얽히게 마련이고, 서로를 완전히 불구로 만들었을 때에나 상대로부터 떨어져 나올 수 있습니다. 그러니 문명의 충돌이니 문화의 갈등이니 하는 이야기에 귀 기울이지는 않도록 합시다. 이는 우리-대-그들 구조 중에서도 최악의 종류이며, 최종 결과는 언제나 시야를 피폐하게 하고 편협하게 할 뿐입니다. 계몽과 이해의 심화와는 거리가 멉니다.

인문학과 사회과학 모두에 있어 이러한 제한적 모델의 핵심에 자주 등장하는 것은 유럽중심주의입니다. 끈질기게 계속되는 문제인데요, 인문주의적 실천에는 부적절하다고 할 수밖에 없는 문제이기도 합니다. 이러한 사회적·역사적 현실에 대한 왜곡은 거의 재앙에 가깝습니다. 지난 몇 년간 이매뉴얼 월러스틴은 유럽중심주의에 대해 지속적으로 지적인 비판을 하는 글을 써오고 있습니다. 이 자리에서 제가 의도하는 바를 잘 뒷받침해주니, 잠시 월러스틴을 인용해보겠습니다. 이렇게 함으로써 저는 월러스틴이 인문학과 더불어 말하고 있는 사회과학은 언급하지 않고 넘어가겠습니다. 인문학의 문제는 곧 사회과학의 문제이기도 하니까요.

사회과학[그리고 덧붙이건대 근대 인문학]은 역사적으로 유럽이

---

* coloro che visser sanza infamia e sanza lodo: 단테의 『신곡』, 지옥편 제3곡 34~35행에 나오는 구절로 사이드는 이탈리아 원문을 그대로 인용하고 있다. 한글번역은 『신곡』(김운찬 옮김, 열린책들, 2007)을 따랐다.

전 세계체제를 지배하던 어느 시점에 유럽의 문제[특히 다섯 나라, 프랑스, 대영제국, 독일, 이탈리아, 미국]에 대한 반응으로 출현했다. 실질적으로 사회과학의 주제선택이나 이론화 방식, 방법론, 인식론 등이 그 자신이 태동했던 시절의 제약을 반영하는 것은 불가피한 일이다. 1945년 이래 세계 도처에서 날카로운 정치적 각성과 함께 이루어진 아시아와 아프리카의 탈식민화는 세계 체제의 정치에 영향을 끼친 만큼 지식세계에도 영향을 미쳤다. 오늘날, 적어도 지난 30년간 생겨난 주요한 변화라면 사회과학의 [그리고 인문학의] '유럽중심주의'가 공격을, 심각한 공격을 받고 있다는 점이다. 물론 공격은 기본적으로 정당하며, 현세계의 문제를 다루는 [그들의] 역량과 [그들의] 분석을 왜곡시켜왔던 유럽중심주의의 유산을 우리가 극복해야만 한다는 점에는 의심할 바가 없다.(93~94)

저는 인문학이 사회과학처럼 현세계의 문제들을 적극적으로 검토하거나 어느 정도는 해결해야 한다고 보지는 않습니다. 문제는 인문주의적 실천을 향수 어린 회상을 위한 장식물이나 실행이 아니라 현 세계의 필수적 측면이면서 기능적 구성요소로서 인식하고 이해할 수 있는가 하는 것입니다. 유럽중심주의는 이러한 전망을 가로막습니다. 왜냐하면 월러스틴이 지적하고 있듯이, 유럽중심주의의 오도되고 왜곡된 역사기술, 그 보편주의의 편협함, 서구 문명에 대한 검토되지 않은 가정, 오리엔탈리즘, 일률적 방향성을 가진 진보이론을 부과하려는 시도는 모두, 만인을 껴안는 것, 진정으로 세계적이거나 국제적인 관점, 지적 호기심을 확장하기보다는 축소합니다.

20세기 미국 인문주의의 역사를 돌아볼 때, 이제는 더 이상 문제시하지 않고 덮어두기 어려운 유럽중심주 때문에 미국 인문주의가 어려움을 겪어왔음을 인정할 수밖에 없는데요. 전반적으로, 대학 교육의 기본이 되는 주요과목을 각국어로 번역되고 의무적으로 숭배되는 서구 걸작으로 제한하는 일, "우리의" 세계를 구성하는 것에 대한 편협한 관점들을 견지하는 태도, 존중할 만하거나 주의를 기울일 만한 필요가 없어 보이는 전통이나 언어는 염두에 두지 않는 것, 이 모두는 폐기되어야 하거나 아니면 적어도 급진적인 인문주의적 비판을 감수해야만 합니다. 무엇보다, 이미 다른 전통들에 대해 알려진 바가 너무나 많기 때문에 인문주의 그 자체가 예외적인 서구적 실천이라고 믿는 것은 불가능합니다. 그중 특히 인상적인 예를 들자면, 조지 막디시 교수가 인문주의의 탄생과 이슬람이 여기에 기여한 바를 다룬 두 가지 중요한 연구를 떠올릴 수 있습니다. 상세하고 폭넓은 학식을 통해 그가 주장하는 바는 인문주의의 실천을 야콥 부르크하르트, 폴 오스카 크리스텔러, 그리고 이들의 뒤를 이은 강단 역사학자들과 같은 권위자들 대부분의 주장처럼 14~15세기 이탈리아에서 탄생했다고 찬미하기보다는, 적어도 이보다 200년 일찍 무슬림 마다리스madaris, 단과대학들, 시칠리아 대학, 튀니스 대학, 바그다드 대학, 세비야 대학에서 시작된 것으로 보아야 한다는 겁니다. 이처럼 더 폭넓고 더 복잡한 역사를 배제하려는 정신의 습관은 여전히 지속되고 있습니다. 서구 문명에 끼친 이슬람의 기여가 배제된 것에 관심을 두는 까닭은 제가 이전 작업들에서 오리엔탈리즘이라는 오해를 다루면서 이슬람의 역사와 정치에 대해 깨달은 바가 있기 때문입니다. 그렇지만 이 같은 종류의 유럽 중심적 배제의 사례들은 서구 인문학이 인도, 중국, 아프리카, 일본의 전통을 간과하는 데에서도 분명히 찾아볼 수 있습니다. 이제 우리는 이러한 타자에 대해서 많이 알게 되었기 때문에 인문주의에 대한 단순하면서 정식화된 설명—"우리"의 유산을 복원하자는 이들이

자랑스러운 주장에서 찾아볼 수 있고, 서구의 기적에 대해 찬사를
보내거나 미국적 세계화라는 것이 얼마나 영광스러운지를 찬양할 때에도
찾아볼 수 있지요—을 실질적으로 논파할 수 있습니다. 예컨대 중세
문화의 정점 중 하나인 1492년 이전 안달루시아 무슬림*을, 우리 대학들의
거의 모든 중세 연구 프로그램이 습관적으로 묵과하는 것은 언어도단이라
할 수 있습니다. 또한 마틴 버낼이 고대 그리스에 대한 연구에서
보여주었듯이 유럽, 아프리카, 셈 족 문화의 복잡한 뒤섞임은 현재
인문주의에 골칫덩이인 혼종성으로 여겨져 깨끗하게 지워져 왔습니다.
본질주의가 그 인식론적 기반에 있어서 공격당하기 쉽고 심지어 완전히
취약한 것이라면, 본질주의가 인문주의의 중심—본질주의의 꼬리표나
주장이 더이상 유지될 수 없거나 정말 틀린 것으로 보일 때, 너무나도
지루한 종류의 문화적 자부심이 이 자리를 차지하지요—에 살아남아
있는 까닭은 무엇일까요? 우리는 언제쯤 인문주의를 독선의 형태가 아닌,
차이와 대안적 전통 속에 흔들리는 모험으로, 지금껏 주어진 것보다
훨씬 더 폭넓은 맥락 속에서 새롭게 해독해내야만 하는 텍스트들 속에서
흔들리는 모험으로 생각하게 될까요?

    그러므로 저는 우리가 의식적이고 단호하게 유럽중심주의는 물론
정체성 자체와 관련된 태도의 모든 복합체를 벗어 던지기 시작해야
한다고 생각합니다. 이 모두는 이제 더 이상 이전처럼 또는 냉전 시기처럼
인문주의 내에서 쉽사리 용인될 수 있는 것들이 아닙니다. 인문학이 현
시대의 문학과 사고, 예술에서 단서를 얻으면서 다소 긴박하게 인식해야만
하는 것은 정체성 정치나 민족주의적 전제를 가진 교육 체계가, 경계나
연구 대상이 변화했는데도 불구하고, 우리가 실제로 행하고 있는 일들의
중심에 남아 있다는 사실입니다. 우리가 인문학자로서 실천하는 것과
시민으로서 학자로서 폭넓은 세계를 이해하는 것 사이에는 상당한 간극이

존재합니다. 문제는 우리의 교육 프로그램이 여전히 미국적 정체성(아서 쉴레신저 주니어가 예전 미국 역사의 "통일성"을 애도한 데서 보듯)이라는 단순한 개념을 겨냥하고 있다는 데에만 있지 않습니다.

우리가 또한 목도하는 바는 새롭게 공세적으로 부상하고 있는 하부전공 분야들, 학계의 포스트모던 정체성 연구에 주로 초점이 맞춰진 분야들입니다. 이러한 연구 분야들은 세속적 맥락에서 분리되어 나와 학계로 향합니다. 그렇게해서 그 본성을 잃고 탈정치화되며,

전 세계적인 의존과 상호의존의 경향들로부터 파악되는 집합적 인간 역사라는 감각을 위기로 몰아넣게 됩니다. 이러한 역사에 대해서는 아파두라이나 월러스틴도 언급하고 있고, 제 노작도 언급하자면, 『문화와 제국주의』의 마지막 장에서도 찾아볼 수 있습니다. 전체에 대한 부분을 독해하고 해석하는 근대적 이론과 실천을 도입하는 것이 가능할까요? 그러니까 미적 작업의 특수성을 그리고 이 작업에 대한 개별적 경험의 특수성을 부인하지 않으면서, 전체를 그려보고 상상하며, 또 수반하는 감각의 타당성을 배제하지 않으면서 말입니다. 다음 장에서는 바로 이 가능성을 다루고 싶습니다.

---

* 안달루시아는 무슬림 아랍인들의 스페인과 포르투갈 지역을 점령한 이후 이베리아 반도 전체를 지칭하는 명칭이 되었다. 안달루시아 무슬림 문화는 자연의 미, 열렬한 사랑, 술을 주제로 한 생동감 있고 섬세한 시와 산문을 낳았다. 이 가운데 이븐 하즘(994~1064)의 「비둘기의 목걸이」Tawq al-Hanama는 안달루시아 아랍 산문문학의 최고봉으로, 아랍시가 유럽에 끼친 영향을 논할 때 빠지지 않는 작품이다.

3

문헌학으로의 회귀

집합적 강도짓으로의 비약을 깨뜨리는 유일한 말은
"인간적인"이라는 단어입니다. 일반적 인간성이란 것의
껍질을 벗겨내 다듬고 탈신비화하지 않는
인문학자는 말 그대로 떠벌리는 금관악기요
딸랑거리는 심벌즈입니다.

문헌학은 정말이지 최신이나 도발과는 가장 거리가 멀고, 인문학과 관계된 학문 영역 가운데서도 가장 덜 근대적입니다. 21세기에 접어든 삶에 대해 인문주의가 가지는 현재성에 관한 논의를 촉발시킬 것 같지도 않지요. 그렇지만 이 다소 뒤처지는 사고는 제가 호기롭게 논의를 전개하는 동안 그대로 자리를 차지하고 있을 텐데요, 여러분의 너그러운 아량을 바랍니다. 케케묵은 골동품 수집 같은 학문인 문헌학이라는 그다지 매력없는 착상에 대한 거부감을 줄이려면, 지난 150년 동안 서구 사상가 중에서 가장 전복적이고 지적으로 대담했던 니체가 스스로를 언제나 최초이자 최고의 문헌학자로 여겨왔다는 점을 지적하며 시작하는 것이 도움이 될 듯합니다. 이런 지적은 문헌학을 반동적인 학문 형태로 보는 구태의연한 생각을 즉각 쫓아낼 법하지요. 문헌학에 대한 이러한 퇴화된 개념은 조지 엘리엇의 『미들마치』Middlemarch의 카소본 박사라는 인물 속에 구체화되어 있습니다. 무익하고, 무효하고, 가망 없이 삶과 무관한 것으로 말입니다.

    문헌학은 문자 그대로 언어에 대한 애정입니다. 그러나 학문으로서 문헌학은 거의 모든 주요 문화적 전통 내에서 다양한 시기를 거치면서, 예컨대 제 성장과정을 구성했던 서구와 아랍-이슬람 전통 내에서도 유사 과학적·지적·영적인 명성을 누려왔습니다. 지금은 우선 이렇게 간단히 정리해두면 좋을 듯합니다. 이슬람 전통에서 지식은 언어에 문헌학적 관심을 두는 것에 기반하고 있고, 이는 신의 자존自存적 언어인 코란(진정 "코란"이라는 단어 자체가 독해를 의미하지요)에서 시작해 카릴 이븐 아마드Khalil ibn Ahmad와 시바와이Sibawayh의 과학적 문법의 출현으로 이어지고, 법학이론fiqh 이즈티하드ijtihad와 타윌ta'wil*, 즉 해석학hermeneutics과 해석interpretation이 각각 등장하게 되는 데까지 이릅니다. 후에 피크 알 루가fiqh al lugha, 언어의 해석학 연구는 이슬람 학문에서 상당한 중요성을 가진 실천으로서 아랍-이슬람 문화에 등장하게 됩니다. 이 모든 것들은 언어에 관한 상세한 과학적 관심과 관련이 있습니다. 언어가 무엇을 하고 무엇을 할 수 없는지에만 제한적으로 관심을 두는 지식이지요. (제가 앞 장에서 언급한 바와 같이) 12세기 서유럽과 북아프리카의 아랍 대학들은 인문학 교육 체계의 근간을 이루었던 해석적 과학의 집합체를 구축했습니다. 기독교 서구사회에 이와 유사한 것이 등장하기 전의 일이죠. 유사한 발전은 가까운 친족 관계인 안달루시아, 북아프리카, 레반트, 메소포타미아의 유대교적 전통에도 일어났습니다. 유럽에서는 잠바티스타 비코의 『새로운 학문』이 문헌학적 기개heroism와 같은 것에 기반을 둔 해석적 혁명을 일으켰습니다. 그 결과, 니체가 한 세기 반 이후에 그랬던 것처럼, 인간 역사와 관련된 진실은 "은유와 환유라는 움직이는 무리"라는 것을 밝혀냈습니다. 이 진실의 의미는 숨겨지고 오도되고 저항적이고 까다로운 현실의 담지자로서의 언어라는 형태에 기반하고 있는 독해와 해석의 행위를 통해 해독됩니다. 다시 말해, 독해의 과학이 인문학적 지식의 최고봉이라는 겁니다.

　에머슨은 언어를 "화석이 되어버린 시"라고 말했습니다. 또 리처드 포이리어는 "언어 안에서 토착적인 힘의 흔적을 발견할 수 있다. 이로 인해 우리가 우리 자신을 자연의 독특한 형태로 창조할 수 있다"(135)고 말합니다. 포이리어를 마저 인용해볼까요.

　　　에머슨이 [그의 글] 「신중함」에서 "우리는 경험에서뿐 아니라
　　　영감과 적대로부터 쓴다"라고 말한다. 이말은, 우리가 새로운 무엇에
　　　대해 말하려고 할 때, 무엇을 말하든지 간에 비교적 익숙한 것만
　　　우리가 이해할 수 있으며, 이는 우리가 사용하는 재료[단어]를

보면 알 수 있다는 것이다. 그러므로 우리는 언어적 관습을 필요로 하면서도[그리고 그 관습이 어떻게 작동하는지를 이해할 필요가 있는데, 오직 주의 깊은 언어적 독해만이 이를 도울 수 있다], 그것에 적대적일 수 있다. 그러므로 우리의 수락을 요청하는 사회적·문학적 형식들은 이전 시대의 관습에 대한 저항으로 생산된다. 지금은 진부하고 수명을 다한 듯 보이는 단어라 하더라도 우리는 그 안에서 한때 이 단어에 활기를 불어넣었던 변환을 위한 욕망을 발견할 수 있다. 어떤 단어라도 의미의 다양성과 모순 속에서 이전의 적대적 사용에 대한 증거를 제공할 수 있으며, 이는 우리로 하여금 적대적 사용으로 다시 돌아가 그것들을 변화시키고 조탁할 수 있도록 독려한다.(138)

진정한 문헌학적 독해는 활동적입니다. 이미 단어 안에서 진행되고 있는 언어 과정으로 들어가, 우리 앞에 놓인 텍스트에서 숨겨졌거나 불완전한 상태로 놓였거나 왜곡되었던 것을 밝혀내는 일이죠. 언어에 대한 이러한 견해에서 볼 때, 단어는 고도의 현실을 대신해 겸손히
서 있는 수동적인 표지나 기표가 아닙니다. 오히려, 현실 자체를 구성하는 필수적인 부분이라고 할 수 있지요. 그래서 초기 에세이에서 포이리어는 이렇게 말했습니다.

문학은 내 관심을 *끄*는 가장 확실하고 적절한 주장이다. 문학은

---

* fiqh는 샤리아 이슬람법의 확장으로 코란에 직접적으로 근거한 이슬람 법학체계이다. ijtihad는 학식과 덕망을 갖춘 신학자의 개인적이고 독자적인 판단이나 이성적 판단을 중요시 여기는 법해석 방법인데 반해, ta'wil은 과거로 소급해 올라가 추론하는 코란의 비의적 해석이다.

모든 이들이 공유하고 모든 이들이 일상에서 사용하는 것을 가지고
무엇을 만들 수 있는가, 무엇을 할 수 있는가를 다른 어떠한 형태의
예술이나 표현보다 더 잘 보여주기 때문이다. 더불어 그 안에서,
문학적 어휘와 구문을 통해, 매우 미묘하지만 측정할 수 있을
정도로 사회의 사회적·정치적·경제적 합의를 지배하는 가정들을
다루기 때문이다. … 그러나 [음악, 춤, 회화, 영화 같은 작업과는
달리] 문학의 원리 또는 본질적 자원이 기대는 것은 문학이 사회
일반이나 그 역사와 전적으로 사교적인 방식으로 공유해야만 하는
재료들이다. 언어가 우리에게 무엇을 행하는지, 반대로 우리가
언어에 무엇을 하기 위해 노력해야 하는지에 관해 문학보다 더
잘 알려주는 것은 없다. 이 모든 과정은 우리가 사물의 의미를
위해 기대고 있는 사물의 질서를 변형시킬 것이다. 문학에 남겨진
특징이 있다면 그것은 문학이 다른 곳에서는 용인될 수 없을
만큼 강렬하게, 독자로 하여금 언어와의 변증법적 관계를 맺도록
이끈다는 것이다.(133~34)

여기서 독해야말로 이것 없이는 문헌학이 절대 가능하지 않은 필수적
행위이자 시초의 몸짓이라는 사실이 분명해집니다. 포이리어는 사회의
다른 어떤 공간보다 더 복잡하고 미묘하게, 관습과 독창성에 따라
사용되는 언어가 곧 문학이라는 것을 간단하지만 명쾌하게 지적합니다.
저는 포이리어가 전적으로 옳다고 생각하기 때문에, 앞으로 이어지는
강연에서 그의 생각을 견지해나가고자 합니다. 즉 문학은 실제로
사용하는 단어들에 대한 고도의 예시이며, 그렇기 때문에 가장 복잡하고
가치 있는 언어적 실천입니다. 최근 이 문제를 고민하던 중에 미국의 문학
교수들이 여기저기서 놀랄 만한 이의를 제기한다는 걸 우연히 발견하게

되었습니다. 성차별주의, 엘리트주의, 연령차별주의, 인종차별주의가 존재하듯이 "독해주의"readism라 불리는 비난할 만한 그 무엇, 그러니까 너무 진지하고 소박하게 고려되어 근본적 오류를 만들어내는 독해가 있다는 입장입니다. 그러므로 이런 논의대로라면 독해 자체에 매몰되어서는 안 됩니다. 너무나 주의 깊게 읽다가 권력이나 권위의 구조 때문에 잘못된 길로 빠질 수 있기 때문입니다. 저는 이 논리가(논리라고 할 수 있다면) 매우 괴상해 보입니다. 이것이 우리로 하여금 자유로운 태도로 권위에 대한 노예적 태도에서 벗어나도록 해준다고 생각한다면, 안타까운 일이지만 저는 이 역시 또 다른 분별없는 망상이라고 말해야겠습니다. 포이리어가 제시했듯, 오직 더욱 더 주의 깊게, 더욱 더 세심하게, 더욱 더 폭넓게, 더욱 더 수용적으로, 더욱 더 저항적으로 (제가 말을 만들어보자면) 읽는 독해 행위만이, 인문주의의 본질적 가치를 충분히 실행할 수 있도록 해줍니다. 제가 저번 장에서 말씀드린 것처럼 인문주의의 토대가 변화하고 있는 상황에서는 특히 그렇습니다.

그러나 텍스트를 독해하면서 재빠르고 피상적인 독해로부터 권력의 거대한 구조에 대해 일반적이고 구체적이기까지 한 진술로 옮겨가는 것, 또는 건전한 구원redemption이라는 애매한 치료적 구조로 옮겨가는 것(문학이 자신을 더 나은 사람으로 만들어준다고 믿는 이들에게)은 모든 인문주의 실천의 변치 않는 토대를 버리는 것입니다. 인문주의 실천의 변치 않는 토대란 제가 문헌학적이라 불러왔던 바로 그것, 단어와 수사법에 대한 꼼꼼하고 끈기 있는 탐구, 필생의 고려입니다. 역사 속에 살아 있는 인간 존재는 이를 통해 언어를 사용하게 되지요, 제가 사용하는 "세속적"secular이라는 단어나 "세속성"worldliness이라는 단어도 이런 생각에서 비롯된 것입니다. 이 두 단어를 통해 우리는 영원히 변하지 않는 초월적 가치가 아니라, 새로운 세기에 이르러 우리 앞에 놓인 가치나 인간 삶과 관련된 인문주의적 실천의 변화하는 기초를 고려할 수 있게 됩니다. 다시 한번 에머슨과 포이리어에 기대어 동시대 인문학자들에게 주장하고 싶은 것은, 제가 수용reception과 저항resistance이라고 부른 두 가지의 매우 결정적인 움직임 안에서 독해를 해야 한다고 주장하고 싶습니다. 수용은 지식이란 측면에서 텍스트에 접근해 우선 텍스트를 잠정적으로 분리된 대상들로 다루는 것입니다. (왜냐하면 텍스트를 처음 만나 응대하는 방법이기 때문이지요.) 그러다가 텍스트가 자리잡고 있는 애매하며 보이지 않는 틀을 확장하고 명료하게 함으로써, 텍스트의 역사적 상황들로 나아갑니다. 또한 태도, 감정, 수사와 같은 구조들이 당시의 흐름, 텍스트적 맥락의 역사적·사회적 형성과 서로 뒤엉키는 방식으로 나아갑니다.

　텍스트를 그것의 복합성의 견지에서, 그리고 제가 이전 강의에서 말씀드렸듯이 변화에 대한 비판적 인식을 통해서 받아들일 때에만, 우리는 구체적인 것으로부터 일반적인 것으로 통합적이고 종합적으로 옮겨갈 수 있습니다. 그러므로 문학적 텍스트, 말하자면 소설, 시, 에세이, 희곡에 대한 정밀한 독해는 사실상 텍스트를 전체 관계망의 한 부분으로서—이 관계망의 윤곽과 영향이 텍스트 안에서 중요한 역할을 하죠—그 시대 안에 점진적으로 위치시키는 것입니다. 그러므로 저는 인문학자에게 독해의 행위는 우선 자신이 저자의 입장에 서는 행위라고 말하는 것이 중요하다고 생각합니다. 이때 저자에게 글쓰기는 단어에 표현되어 있는 일련의 결정과 선택이죠. 어떠한 저자도 완전히 독립적이거나 그 또는 그녀의 삶의 시간, 장소, 상황을 초월해 있지 않다는 점은 두말 할 나위가 없으므로, 만약 저자의 입장에 공감하며 자신을 그 위치에 놓으려한다면, 이러한 요소들 역시 고려되어야만 합니다. 예를 들어 콘래드를 읽는다면, 우선 그의 작품을 콘래드 자신의 눈으로 읽어야 합니다. 이 방법은 각각의 단어, 은유, 문장을 콘래드가 다른 무수한 가능성들을 제치고 사려 깊게 선택했다고 이해하려는 노력입니다. 콘래드의 작품의 친필원고를 보면 구성과 선택 과정이 그에게 얼마나 수고로우며 또 시간을 요하는 일이었는지 확인할 수 있습니다. 그러므로 우리가 독자로서 마땅히 해야 하는 일은 이에 맞는 응당한 노력을 보이는 일입니다. 말하자면 그의 언어 속으로 깊숙이 들어가, 그가 왜 특별히 그러한 방식으로 해야만 했는지를 이해하고, 그것이 만들어진 방식을 이해해야 합니다.

여기서 미학적 질문을 해보기 위해 제 논의를 잠시 중단하겠습니다. 문학적·음악적 예술의 위대한 작품들을 이해하고 가르치면서 사회적·정치적인 참여와 개입을 하면서—이 둘은 서로 분리되어 있습니다—지적인 여정의 대부분을 보냈던 제가 깨달은 것은 독해 목록의 질이 독해의 방식과 이유만큼 중요하다는 것입니다. 무엇이 예술작품을 구성하는가에 대한 독자들 사이의 선행된 합의는 없다는 걸 잘 알고 있지만, 제가 이 강의에서 논의해온 인문주의적 기획의 일부분이 다음과 같은 생각에서 출발한다는 데에는 의심할 여지가 없습니다. 즉 모든 개인은 관습에 의해서건, 개인적 상황과 노력에 의해서건, 또는 교육에 의해서건, 독해와 경험의 과정 중에 미적 질과 특이성을 인식할 수 있다는 것입니다. 모두 이해할 수는 없을지라도 독해와 경험을 통해 느낄 수 있는 것이죠. 제가 알고 있는 모든 전통에서 이는 사실입니다. 예컨대, 문학제도라는 것이 공통적으로 존재하지 않습니까. 그러니, 제가 지금 이를 입증하기 위해 장황한 논증을 할 필요는 없을 듯합니다. 저는 하나의 범주로서 미적인 것은 매우 심오한 차원에서 우리 존재의 평범한 경험과는 구분된다고 생각합니다. 톨스토이, 마푸즈*, 멜빌을 읽고, 바흐, 듀크 엘링턴, 엘리엇 카터를 듣는 것은 신문을 읽거나 신호 대기 용으로 녹음된 음악을 듣는 것과는 다른 경험입니다. 그렇다고 신문 잡지나 정책 책자들은 빠르고 피상적으로 읽어도 좋다는 뜻은 아닙니다. 곧 다루겠지만, 저는 모든 경우에서 주의 깊은 독해를 옹호합니다. 그러나 대체적으로 저는 미적인 것과 미적이지 않은 것 사이에는 근본적인 화해 불가능성이 있다는 점에서 아도르노에 동의합니다. 이는 인문학자로서 우리 자신의 작업을 위해 가지고 가야 할 필수조건입니다. 예술은 단순히 거기에 있는 것이 아닙니다. 예술은 야수적 지반 위에 있는 통제할 수 없는 미스터리나 일상생활 속 파괴의 흔적과는 화해 불가능한 상태로 강렬히 존재합니다. 혹자는 예술의 이 고양된 상태를 행위performance의 결과, 오랜 기간의 세공의 결과 (위대한 소설 또는 시의 구성에서처럼), 독창적 연주와 직관의 결과로 부를 수 있을 것입니다. 저에게 예술이라는 범주는 없어서 안 되는 것입니다. 미적인 범주는 독자로서 이해하고 명료화하고 설명하려는 제 자신의 노력에 끝내 저항하며 일상—역설적으로 이 일상에서 예술이 탄생하지만—의 경험이라는 평준화의 압력도 초월합니다.

    그러나 이러한 미적 사실이 궁극적인 초속성otherworldliness*을 수반하는 것은 절대 아닙니다. 몇몇 이론가와 예술가들이 주장하는 것처럼, 예술작품이 의미심장한 논의나 역사적 숙고 모두로부터 벗어나도록 하는 그런 초속성 말이지요. 저는 예술작품의 미에 대한 사랑과 정의로움에 똑같은 가치를 부여하는 엘렌 스케리만큼 나가지는 못합니다. 그녀의 주장에 끌리기는 하지만 말입니다. 반대로 제가 『문화와 제국주의』에서 논한 대로, 위대한 작품이 흥미로운 이유는 복합성이 덜해서가 아니라 더하기 때문이며, 시간이 지나면 레이먼드 윌리엄스가 종종 모순적인 문화적 기록의 전체 조직망이라고 부른 것이 되기 때문입니다. 예컨대 정교하게 세공된 제인 오스틴의 소설마저 그녀 자신의 시대적 상황과 관계를 맺고 있습니다. 이 때문에 오스틴이 공을 들여 노예제나 재산권을 둘러싼 분쟁 같은 관습들을 언급하고 있는 것이겠지요. 그러나 다시 반복하자면, 그녀의 소설은 단순히 사회적·정치적·역사적·경제적 힘으로 축소될 수 있는 것이 아닙니다. 반대로 오스틴의 소설은 명백히 역사에 의존하지만 역사로 환원되지 않는 지점에서 이러한 힘들과 해결되지 않는 변증법적 관계 속에 있다고 할 수 있습니다. 그러므로 우리는 언제나 미학적 작업의 잇단 현실이라는 것이 존재함을 생각하면서, 이것 없이는 제가 여기서 논하고 있는 종류의 인문주의가 어떤 본질적 의미도 가질 수 없으며 오직 도구적 의미만을 가진다는 점을 가정해야 합니다.

    이를 특별한 종류의 믿음, 또는 제가 더 선호하는 표현으로 하자면, 인간 역사를 만들어가는 기획에 대한 굳건한 확신이라고 부릅시다. 저에게 이는 인문주의적 실천의 지반입니다. 좀 전에 말씀드렸듯이 미학적인 것의 존재는 예외적인 종류의 정밀한 독해와 수용을 요구합니다. 이 독해와 수용을 매우 강력한 직접성/즉각성immediacy의 문헌학적 기술이라는 형태로 가장 뛰어나게 정식화한 것은 레오 스피처라 생각됩니다. 스피처가 말한 대로, 이 수용의 과정은 반복적 독해를 통해 저자의 단일성, 정신적인 어근과 싸우는 과정과 관련됩니다. 스피처는 학자-인문주의자-독자가 해야 하는 일에 대해 이렇게 설명합니다.

---

* Naguib Mahfouz(1911~2006): 이집트 출신의 소설가로 1988년 아랍어권 문학가로는 최초로 노벨 문학상을 수상했다.
* 보통 내세성으로 번역하곤 하지만, 사이드의 가장 중요한 개념인 세속성worldiness과 대구를 이루기 위해 초속성으로 옮겼다.

표면으로부터 예술작품의 "내적인 삶-중심"까지 작업하는 것이다. 우선 특정 작품의 피상적 외양과 관련된 세부사항들을 관찰한다. (시인이 표현한 "관념들" 역시 예술작품의 피상적인 특징 가운데 하나일 따름이다.) 그런 다음 이러한 세부사항들을 묶어 하나의 창조적 원리로, 즉 예술가의 영혼 속에 존재해왔을지 모르는 원리로 통합하고자 애쓴다. 그러고 나선 마지막으로 잠정적으로 구성한 이 "내적 형식"이 전체를 설명해내는지 밝혀내기 위해, 여타의 관찰 기록들 더미로 되돌아오는 여정을 거친다. 이 같은 "뒤로 가는 여행"을 서너 번 거친 다음 학자는 자신이 삶을 건네는 중심을, 태양계의 태양[스피처에 따르자면 이것은 작품의 구성 원리이다]을 찾았는지 아닌지를 분명히 말할 수 있게 될 것이다.(19)

조금 뒤에 가서 스피처는 이렇게 말합니다. 이러한 과정은 독해라는 행위 속에서 우리가 "세부사항들에 매혹되어, 이것이 기본적으로 예술작품과 관련되어 있다는 확신에 이끌리는"(27) 순간 실제로 일어난다고 말입니다. 이렇게 관련짓는 것이 옳다는 보증도 없고, 이 관련이 작동했다는 과학적 증거도 없습니다. 오직 "인간 정신을 탐구하도록 인간 정신에 부여된 힘"에 대한 인문주의자의 내적 믿음, 그리고 작품에서 찾아낸 것은 진정으로 탐구할 가치가 있다는 불변의 인식이 있을 뿐입니다. 오직 심오한 주관적 감각 이외엔 어떠한 근거도 없습니다. 이 주관적 감각에는 대체물도 없고, 안내서도, 권위 있는 출처도 가능하지 않습니다. 스스로 결정을 내리며 여기에 책임을 져야 하는 것이죠. 스피처를 좀 더 인용해보도록 하겠습니다.

지난 수십 년 동안 내 안에 축적된 방법의 이론적 경험에도 불구하고, 얼마나 자주 멍해지는지. 마치 아직 그 마법을 풀지 못한 책장을 앞에 둔 신입생들처럼 말이다. 이렇게 비생산적인 상태로부터 벗어나는 유일한 방법은 작품의 분위기 속으로, 말하자면 점점 스며들려는 노력 속에서 끈질기고 대담하게 읽고, 또 읽는 것이다. 그러다보면 갑자기 어느 단어가, 어느 행이, [또는 단어들과 행의 어떤 조합이] 두드러지고, 우리는 이내 시와 우리 사이에 관계가 형성되었다는 것을 깨닫게 된다. 이윽고 나는 처음의 관찰에 덧붙여지는 다른 관찰들, 끼어들어오는 이전 경험들, 이전에 받은 교육들이 내 앞에 쌓아올린 연상들[여기에 덧붙이자면, 실제로 우리를 사회의 시민으로, 내부인과 외부인으로 만드는 이전의 실천이나 습관]로 인해, 특징적인 "번뜩임"이 일어나는 데까지 그리 오랜 시간이 걸리지는 않는다는 사실을 깨닫게 된다. 이러한 "번뜩임"은 세부사항과 전체가 공통분모를 찾았다는 암시이다. 이것은 글쓰기의 어원을 제시한다. 이 과정을 돌이켜 생각할 때 읽었다는 것은 읽었다는 것이며, 이해한다는 것은 이해했다는 것과 같음을 알 수 있다.(27)

정밀한 독해에 관한 이 매혹적인 묘사에 나오는 동어반복은 강조할 필요가 있습니다. 왜냐하면 독해의 과정은 독자에서 시작하고 끝나기 때문이며, 독해를 가능하게 하는 것은 독해와 해석에 몰두하는, 환원할 수 없는 개인적 행위이기 때문입니다. 이 개인적 독해 행위는 자기 자신을 텍스트를 향해 여는 만큼, 텍스트의 의미와 이 의미가 부가될 것에 대해서는 해박하게 진술하려는 수용의 몸짓이기 때문입니다. E. M. 포스터가 말한, '다만 연결하라'*는 이 근사한 지령을 정밀한 독해로부터 생겨나는 풍부한 진술과 의미의 사슬에도 적용시킵시다. 이것이

블랙머가 문학을 실행하기라 부른 바로 그것입니다. 그리고 에머슨의 다음과 같은 말이기도 하죠. "모든 정신은 전체의 교훈을 스스로의 힘으로 알아내야만 한다. 전체 지반을 주의 깊게 알아내야만 한다. 정신은 자신의 앎과 삶의 끝을 모른다."

저는 독해에 관한 최종적이고 우정어린 책임을 회피하는 일은 결정불가능성과 불확실성에서 끝나는 (그렇게 시작했듯이) 데리다적인 해체적 독해에서 나타나는 한계를 보여준다고 생각합니다. 푸코를 따라 지식이 결국 권력에 봉사함을 보여주는 일이 때때로 유용하듯이 해체적 독해처럼 글쓰기의 주저함과 동요를 드러내는 일이 어느 정도까지는 유용하다 할 수 있습니다. 그러나 이 두 가지의 대안은, 독해의 실제가 근본적으로 환원, 냉소, 무익한 방관과는 다른 목적을 위해 우리의 지식을 변화시키고 그 질을 높이는, 신중한 인간 해방과 계몽의 행위라는 선언을 너무나 오랫동안 미루고 있습니다. 우리가 예컨대 존 어쉬베리의 시나 플로베르의 소설을 읽는다고 할 때, 외교정책이나 군사 정책을 다룬 신문이나 잡지 기사를 읽을 때보다 더 긴장하고 집중해 텍스트를 경청해야 한다는 것은 당연한 말입니다. 그러나 이 두 경우 모두 경청의 독해는 주의를 요하며 텍스트 속에 숨어 있거나 애매한 것들을 드러내야 합니다. 이러한 경청은, 예컨대 전쟁을 할 것인가 말 것인가 같은 정치적 결정과 관련된 기사의 경우처럼, 우리에게 시민으로서 책임과 양식적 배려를 가지고 텍스트 안으로 개입해 들어가라고 요구합니다. 그렇지 않다면 경청이라는 수고를 감당할 까닭이 없겠지요. 결국 정밀한 독해의 계몽적이고 해방적인 목적이라는 게 무엇이겠습니까? 이에 대해 곧 상세히 다루겠습니다.

모두가 탁월한 스피처 또는 그와 같은 맥락에서 경이롭다 할 문헌학자인 에리히 아우어바흐—미국의 서구 고전 독해에 너무나 심오한 영향을 주었던 인물이지요, 그의 위대한 저서인 『미메시스』를 다음 장에서 다룰 것입니다—를 흉내내야 하는 것은 아닙니다. 그러나 정밀한 독해는 비판적인 수용성에서 출발해야 할 뿐만 아니라, 설사 위대한 미적 작품이 궁극적으로 총체적인 이해에 저항한다 하더라도 비판적 이해의 가능성—완성될 수는 없을지 몰라도 잠정적으로는 확실히 지지될 수 있는—은 존재한다는 확신에서 출발해야 합니다. 모든 독해가 이후의 재독해를 조건으로 삼는 것은 자명한 이치입니다만, 뒤이은 다른 독해들을 가능하게 하는 최초의 영웅적 독해가 있을 수 있다는 것도 기억해둠직 합니다. 톨스토이를 읽으며 또는 바그너나 암스트롱을 들으며 느끼는 고양감을 어떻게 잊을 수 있을까요, 이때 자신 안에서 일어난 변화를 느꼈던 경험을 어떻게 잊을 수 있을까요? 위대한 예술적 성취에 착수하는 것, 『안나 카레니나』, 루바 미사*, 타지 마할을 "만든" 강렬한 방향상실을 경험하는 것은 일종의 영웅적 자질heroism을 필요로 합니다. 저는 이것이, 시인이나 소설가 극작가는 물론 독자까지도 열망하고 경탄하며 흉내내려 하는 그 무엇인 저자의 영웅적 자질을 인식하는 것이, 인문주의적 기획에 고유한 것이라고 생각합니다. 이는 예컨대 셰익스피어와 밀턴에 필적하려는 멜빌을 추동한 열망일 뿐 아니라, 엘리엇에서 한 걸음 더 나아가려는 로버트 로웰을 자극한 열망, 프랑스 상징주의자들의 대담함을 능가하려는 스티븐스를 추동한 열망, 리비스와 리처즈를 넘어서려는 후기 이언 와트 같은 비평가의 열망입니다. 물론

---

* 소설 『하워즈 엔드』에 나오는 구절로, 1장 시작 전에 말줄임표와 함께 등장하고, 22장에서 주인공 마가렛과 헨리의 관계를 설명하는 부분에 등장한다. 나분화석 암축을 지닌 구절로 자주 인용되며 최근에는 인터넷 같은 매체의 특성이나 세계화 과정에 대한 은유로 사용되기도 한다.

* Missa Luba: 콩고 전통 음악을 기반으로 해서 만들어진 라틴 미사곡. 1950년대 벨기에 출신의 프란체스코 수도회 신부 귀도 하젠Guido Haagen이 편곡해 처음으로 녹음되었다. 이 녹음은 메이저 음반사에서 발매되어 큰 반향을 일으켰다.

경쟁이 있지만 새로운 경지를 연 위대한 선지자들에 이어 자신만의 행로를 구축할 때까지는 절대 만족스럽지 않을 작업에 대한 경외와 열의 또한 있습니다. 작품의 근원적 충동이나 교육적인 힘과 함께 작품을 경험하도록 하는 인문학자의 영웅적 자질에 대해서도 이와 흡사하게 말할 수 있고 또 말해야만 합니다. 우리는 되는대로 써대는 3류 작가나 초라한 필경사가 아니라, 그 행위가 집합적 인간 역사를 만드는 부분이 되는 정신들입니다.

    이상적으로, 인문주의자를 신뢰할 수 있게 하는 것은 타인과 공유하고 있는 공통의 기획, 본래적 제한과 규율을 가진 약속에 대한 감각입니다. 저는 여기에 잘 맞는 훌륭한 패러다임을 언제나 이슬람 전통에서 발견해왔습니다. 아마도 고급한 서구 인문학적 이상이랄 것들을 격찬하느라 너무나 바쁜 유럽 중심적 학자들에게는 잘 알려지지 않은 것입니다. 이슬람에서 코란은 신의 말씀이므로, 반복해서 읽어야 하지만 이를 온전히 파악할 수는 없습니다. 그러나 신의 말씀이 언어로 되어 있다는 사실은 이미 독자들에게 우선 그것의 문자적 의미를 해독해야 하는 의무를 지웁니다. 앞선 이들이 이 같이 엄청난 일을 시도했음을 깊이 이해하면서 말입니다. 따라서 타인의 현존은 증언의 집합체로서, 이것이 갖는 유효성은 연속체의 형태로 이 시대 독자에게 보존됩니다. 모든 증언자는 어느 정도 이전의 증언자에게 기대고 있는 것이죠. 상호의존적 독해라는 이러한 체계가 "이스나드"isnad입니다. 공통의 목표는 텍스트의 지반, 원칙 또는 우술usul로 접근하려 노력하는 것입니다. 아랍어로 "이즈티하드"ijtihad라 불리는 개인적 기여와 예외적인 노력이 언제나 존재해야 하지만 말입니다. (아랍어에 대한 지식 없이 "이즈티하드"가 악명 높은 단어인 지하드jihad와 같은 어근에서 왔다는 것을 눈치채기 쉽지 않지요. 지하드는 성전聖戰만을 뜻하지 않습니다. 본래는 진리를 위해 영적으로 전력을 다한다는 뜻입니다.) 14세기부터 이즈티하드를 어느 정도, 어디까지 허용할 것인가를 놓고 활발한 논쟁이 벌어졌다는 사실이 놀랍지는 않습니다. 정통 이슬람교 독해의 교조적 관점에서는 이븐-타이미야*가 옳으며 오직 아스-살라프 알-살리as-salaf al-salih(신성한 선인先人들)만을 따라야 한다고 보며, 따라서 개인적 해석과 같은 것은 차단합니다. 그러나 이러한 관점은 언제나, 특히 18세기 이후부터, 도전받아왔고 이즈티하드의 옹호자들은 결코 패하지 않았습니다.

다른 해석적 종교 전통이 그렇듯이, 이러한 용어와 그 의미 허용치를 둘러싼 수많은 논쟁들이 있어왔으니, 아마도 제가 다소 위험하게 많은 논쟁들을 단순화시켰거나 간과했을 수 있습니다. 그러나 텍스트의 수사적이고 의미론적 구조를 이해하려는 개인적 노력이 허용되는 한계지점에 법리학적 요구가, 좀 더 좁혀 말하자면, 관습과 정신구조의 요구, 좀 더 광범위하게 말하자면 시대의 요구가 있습니다. 법, 즉, 콰눈qanun은 공적 영역에서는 개인의 창의적 행위를 지배하며 헤게모니를 가집니다. 표현의 자유가 상당히 허용된 경우에도 말입니다. 책임감에 대해 생각할 때, 우리는 우리가 좋은 대로만 말할 수 없으며, 원하는 방식으로만 말할 수 없습니다. 책임감과 용인의 정도에 대한 이러한 감각은 스피처가 문헌학적 귀납에 대해 말해야만 했던 바를 인상적으로 견제할 뿐 아니라, 에머슨과 포이리어가 제시한 것에 한계를 부과합니다. 제가 아랍적인 것, 문헌학적-해석학적인 것, 실용적 미국 전통에서 끌어온 세 가지의 예들은 통제할 수 없는 주관적 광란으로

---

* Ibn-Taymiyah(1263~1328): 근현대 이슬람 원리주의의 시발점이 된 시리아의 법학자 겸 신학자. 신에 대한 봉사를 인간 존재의 목적으로 삼고 이슬람 법체계의 절대성을 구축하려고 했다.

이끌릴 가능성이 있는 것들에 부분적인 제한을 가하는 기능을 가진 관습, 의미론적 틀, 사회적 또는 정치적 공동체 등을 특징화하는 데 있어 서로 다른 용어를 사용합니다. 그런 광란은 스위프트가 『통 이야기』 A Tale of a Tub 에서 가차없이 패러디했지요.

의미를 찾아내는 독해에 엄격하게 전념하게 하는 법적 제약— 담론적 구조나 텍스트적 실천을 위한 독해가 아니고요. 그렇지만 이것들이 중요하지 않다고 말하는 것은 아닙니다—과 계몽과 해방에 활발히 기여하는 의미를 형성하려는 요구 사이에, 인문주의적 에너지가 실행되는 중요한 공간이 있습니다. 데이빗 할런의 최근 연구는 내용과 제목 모두를 통해—『미국 역사의 타락』 The Degradation of American History—미국의 역사와 이론 저술에 전념하는 것과 그 작업의 무게가 점차 쇠퇴하고 있음에 적절한 비탄을 표하고 있습니다. 저는 미국이 역사로부터 무엇을 배워야만 하는가에 대한 할런의 다소 감상적인 예외주의적 결론에 동의하지는 않습니다만, 그가 지금의 학문적 글쓰기가 처한 낙담스런 분위기에 내리는 진단은 정확하다고 생각합니다. 그는 여러 정설들 중에서도 반근본주의, 담론 분석, 자동화되고 명목일 뿐인 상대주의, 전문가주의의 영향이 역사가의 임무의 본질을 변화시키고 무장해제 시킨다고 주장합니다. 이는 인문학의 문학적 실천에도 너무나 유사하게 적용될 수 있습니다. 이곳에 감도는 새로운 교조주의는 문학 전문가들을 공적 영역뿐만 아니라 동일한 전문용어를 사용하지 않는 전문가들로부터도 멀어지게 합니다. 작금의 대안은 꽤나 힘이 빠지는 것들입니다. 기술주의적 technocratic 해체주의자, 담론 분석가, 신역사주의자 등이 되거나 감상적으로 환기되는 인문주의와 더불어 과거의 영광스러웠던 시절에 대한 향수어린 축전을 보내는 것으로 후퇴하는 선택이 있을 뿐입니다. 두 경우 모두에서 빠져 있는 것은 단순히 기술적인 것과는 반대되는 지적인 요소, 다시 말해 인문주의적 실천을 우리 시대에 현재성을 가진 것으로 재건시키는 인문주의의 지적인 요소입니다. 이것이야말로 제가 여기서 피폐한 이분법으로부터 벗어나기 위해 시도하려고 하는 것입니다.

　이제 드디어 저항이라는 개념으로 들어갈 차례가 되었습니다. 저항을 소개하기 위해서는 제가 이미 불충분하고 간결하게나마 여러 가지 방식으로 논의했던 수용에 대한 이전의 주장들을 참고하지 않을 수 없습니다. 독해와 문헌학적 수용이라는 과정은 더 이상 축소할 수 없는 중심입니다. 짧게 요약해볼까요. 수용은 이즈티하드ijtihad, 정밀한 독해, 해석학적 귀납에 기초하고 있으며, 누군가의 비판적인 언어 속에서 일반 언어를 한층 더 비유적으로 수식하는 것과 관계가 있습니다. 다루고 있는 예술작품이 필연적인 최종적 단계에서 조화되지 못한 상태로, 누군가가 이해하거나 부과하려고 애썼던 통합적 전체라는 상태로 남아 있다는 것을 완전히 인식하면서 말입니다. 그러나 이 과정은 그곳에서 결코 멈추지 않습니다. 우리 사회에서 세계화, 신자유주의적 가치, 경제적 탐욕(완곡하게 표현하자면 자유 시장이라고 할까요)과 제국주의적 야망이 민주주의, 평등, 환경에 대해서는 물론 사유 그 자체에 대해서도 공격을 하고 있다면, 인문학자들은 대안들을 제시해야만 합니다. 소수의 언론기관이 조종하는 커뮤니케이션 채널들 때문에 침묵에 빠져 있고 무력해진 대안을 되살려야 합니다.

　우리는 고착화되고 물화된 세계의 재현들로부터 공격을 받고 있습니다. 이 재현들은 의식을 강탈하고 민주적 비판을 피해버리지요. 그러므로 지적인 인문학자의 작업이 몰두해야만 하는 것은 C. 라이트 밀즈가 옳게 보았듯이, 이러한 소외를 가져오는 대상들을 전복시키고 파괴하는 일입니다. 그러나 여전히 다행스러운 사실은 미국의 대학이

진정한 대안적인 지적 실천에 쓸모 있는 공적 공간으로 남아 있다는
점입니다. 오늘날 이러한 규모로 존재하는 교육기관은 세상 어디에도
없다고 할 수 있습니다. 저는 한 개인으로서 제 삶의 가장 길고도 좋은
시절 동안 이러한 미국 대학의 일원이었음을 더할 나위 없이 자랑스럽게
생각합니다. 대학의 인문학자들은 작업을 하기에 예외적으로 특권적인
위치에 있습니다만, 그 유리한 고지에 단순히 학계의 지적 직업인 또는
전문가로서 있는 것은 아닙니다. 학계는—숙고, 연구, 소크라테스적
가르침, 어느 정도의 회의적 초연함에 몰두하는—정책 두뇌집단으로
가득 찬 이 시대의 많은 전문가들을 괴롭히는 마감, 성가시게 일을
재촉하는 상사, 정기적으로 생산해 내야 한다는 압박으로부터
인문학자들을 자유롭게 해줍니다. 대학에서의 숙고와 사유에 비할 바
없는 소중함이 있다면 그것을 할 시간이 있다는 뜻입니다.

  여기서 바로 제기되는 문제는 저항적인 작업에서 어떠한 언어를
사용하는가, 어떠한 관용어를 쓸 것인가, 학생들, 동료학자들, 동시대
시민들에게 어떠한 방식으로 말할 것인가입니다. 학계나 대중적 매체를
통해 소위 좋은 글쓰기와 나쁜 글쓰기에 관한 상당한 정도의 논쟁이
있었습니다. 이러한 문제에 대한 저의 실용적 답변은 간단합니다.
광범위한 잠재적 지지자들을 소외시킬 뿐인 전문용어를 피하라는
것입니다. 물론, 주디스 버틀러가 주장한 대로, 사람들이 쉽게 읽을 수
있도록 미리 정해 놓은 문제는 자신이 기반하고 있는 이데올로기적
전제들을 은폐하는 위험이 있습니다. 버틀러는 아도르노의 어려운
구문과 난해한 표현 방식이 불의와 고통을 매끈하게 덮어버리지
않으려는 선례이자, 나아가 담론이 정치적 부정과 공모하는 것을
은폐하려는 시도들을 좌절시키려는 선례라고 봅니다. 그러나
유감스럽게도 아도르노의 시적 직관과 변증법적 재능은 그의 문체를

흉내내는 이들에게서 찾아보기 힘듭니다. 이와는 다른 맥락에서 사르트르는 발레리에 대해 이렇게 말한 적이 있었죠. 발레리는 프티 부르주아이지만 모든 프티 부르주아가 발레리인 것은 아니라고 말입니다. 거추장스러운 언어를 쓰는 이가 전부 아도르노는 아니지요.

  대학의 안과 밖에서 인문학의 전문용어jargon가 가지는 위험은 명백합니다. 이 전문용어들은 이미 고착화된 관용어를 쉽게 가져다 씁니다. 오히려 인문학적 해설의 역할은 우리 기획의 중심을 이루고 있는 탈신비화와 의문들을 가능한 한 투명하고 효율적으로 만드는 것이라고 가정해서는 안 될까요? "나쁜 글쓰기"를 아예 논쟁점으로 가져오는 것은 어떻습니까, 무익하게 어떻게 말해졌는가에 초점을 맞추는 덫에 빠지지 않고 좀 더 중요한 문제인 무엇이 말해졌는가에 초점을 두면서 말입니다. 의미가 명료한 언어 모델 가운데 쓸 만한 것들이 우리 주위에는 너무나 많습니다. 이들 단어들의 기본적인 포괄 범위와 유효범위는 어려운 것에서부터 상대적으로 쉬운 것까지를 아우르는데요, 요컨대 헨리 제임스의 언어와 W. E. B. 뒤부아의 언어를 망라합니다. 독립성과 독창성을 드러내기 위해 기이하고 거슬리는 관용어들을 터무니없이 열거할 필요는 없습니다. 인문주의는 드러냄의 형태여야 하지, 비밀 또는 종교적 계시의 형태여서는 안 됩니다. 거리를 두는 장치로서 전문적 지식은, 특히 표현이라는 학문적 형식이라는 측면에서, 반민주적이고 심지어 반지성적이라고 할 정도로 걷잡을 수 없는 지경에 이르렀습니다. 제가 인문주의의 저항적 움직임이라 일컬어온 것의 중심에는—이에 앞서 수용과 독해가 있지요—비판이 자리하고 있으며, 이 비판은 자유, 계몽, 그 이상의 행위능력을 추구하는 가운데 끊임없이 스스로 의미를 분명하게 하는 것입니다. 그 반대가 아님은 분명합니다.

  물론 어느 것도 쉽지는 않습니다. 우선, 우리의 사고 유형을 지배하는 고착화된 정보(사유를 자극하거나 지식인을 참여시키는 것이 아니라 설득하거나 달래서 복종하도록 만드는 미디어, 광고, 공식적 선언문이나 이데올로기적이고 정치적 주장 등)는 짧고 간결한 형태에 잘 들어맞습니다. CNN과 뉴욕타임스는 헤드라인이나 핵심만을 뽑아 정보를 전달하며, 이어 "실제로" 무엇이 일어났는가를 알려주기 위해 조금 더 긴 정보를 전합니다. 모든 선택, 배제, 강조―눈앞에 있는 주체의 역사는 말할 것도 없지요―는 비가시적이며, 무관한 것으로 치부됩니다. 그러므로 제가 인문주의적 저항이라 불러온 것은 좀 더 긴 형태로, 좀 더 긴 글로, 좀 더 오랜 숙고를 거쳐 나올 필요가 있습니다. 그렇게 해야 예컨대 사담 후세인 정부(언제나 고의적으로 그의 "정권"이라 불린)의 초기 역사가 미국의 직접적인 후세인 지원이라는 보다 포괄적인 형태의 추악한 내막 속에서 드러날 수 있습니다. 누군가는 우리를 인도하는 하나의 방식으로서 이러한 것을 제시할 수 있어야 합니다. 대부분의 미국인들이 이라크 자체, 이라크의 역사, 이라크의 제도는 물론 우리가 여기에 지난 몇 십 년 동안 광범위하게 행한 짓에 대해서도 알지 못하는 상황에서 의기양양하게 전쟁에서 "재건"으로 나아간다고 믿고 있지 않습니까? 저항은 "악의 축"과 같은 짧은 정보의 파편이나 "이라크가 대량 살상무기를 보유했으며 이것은 미국과 우리의 삶의 방식에 직접적인 위협이다" 같은 문구로 다루어져서는 안 됩니다. 이 모두를 수고롭게 파헤치고 끄집어내고, 증거자료를 수집하고 반박하고 확인하는 과정이 필요합니다. 이러한 문제들은 미국의 인문학자들―세계 유일의 열강국가에 사는 그들의 묵인(또는 침묵)은 학식 있는 시민으로서 우리가 중요한 결정을 내리는 데 필요하지요―에게 매우 중요합니다. 그러므로 인문주의적 숙고는 핵심만을 뽑아 전달하는 짧은 헤드라인식 형태를 거두어들이고, 대신 적절하게 사안을 짚어내는, 조금 더 길고도 신중한 숙고, 연구, 탐구적 논의로 향해야 합니다.

언어의 문제에 대해 더 논의할 여지가 있습니다만, 다른 주제로 옮겨가보고 싶습니다. 무엇보다 어떠한 독해든 그것이 특정한 시간과 공간에 위치하고 있다는 것은 분명합니다. 우리가 인문학 연구의 과정에서 마주하게 되는 글쓰기가 전통, 텍스트의 전달과 변주, 축적된 독해와 해석에서 파생한 일련의 틀 안에 놓여 있는 것과 마찬가지입니다. 그리고 제가 미적인 것과 역사적인 영역 사이에 있는 것으로 묘사하게 되는 일반적인 사회적 논쟁들 역시 마찬가지로 중요합니다. 단순화하는 위험을 무릅쓰고 말하자면, 두 가지 상황이 작동하고 있습니다. 하나는 현재 인문학 독자의 상황이고 다른 하나는 텍스트 틀 안에서의 텍스트적 상황입니다. 이 두 가지 상황은 각각 주의 깊은 분석을 필요로 하며, 지역적이고도 폭넓은 역사적 틀 안에 거주하고 있습니다. 인문학자들은 여기에 집요하게 의문을 제기해야 합니다. 문학 텍스트가 사적 자유라 여겨지는 것과 작가 개인의 고독에서 파생된다는 것이 틀린 말은 아니지만, 특권화된 작가의 위치와 사회적 위치 사이의 긴장은 언제나 존재합니다. 이는 헨리 애덤스 같은 역사가나 상대적으로 고립된 시인인 에밀리 디킨슨, 또는 이름난 문장가인 헨리 제임스 같은 이 모두에게 마찬가지입니다. 작가의 본래적인 사적 자유와 작가의 공적 공간이 각각 우리에게 어떻게 다가오는가—교과과정의 정전을 통해 오는가, 중심 권력이 제안하는 지적 또는 비평적 틀을 통해 오는가(한때 페리 밀러가 행한 것처럼), 이 전통이 누구의, 어떤 목적을 위한 것인가를 둘러싼 광범위한 논쟁을 통해 오는가—를 고려하지 않고 이 눌 가운데 무엇이나는 식으로 초점을 맞출 수는 없습니다. 전통이나 유용한 과거는 구성되는 즉시, 뒤이어 피할 수 없이 정체성과 민족국가로 이끌게 됩니다. 스튜어트 홀, 레이먼드 윌리엄스를 위시한 영국과 이곳 미국의 유용한 분석들이 이 문제를 다루고 있습니다.
주의 깊게 고안된 민족적/국가적 이야기, 즉 시작, 중간, 끝, 역사의
단계들, 영광과 패배와 승리의 순간으로 둘러싼 이야기들을 말이죠.

    그러므로 제가 설명하려는 바는 만들어진 민족적/국가적
지평인데요, 여기로부터 인문학 연구가 그 내적인 움직임, 논쟁적 독해,
지적이며 이론異論이 분분한 추론들과 더불어 생겨납니다. 저는 사적인
이즈티하드 또는 정밀한 독해로부터 넓은 지평으로 너무 빨리, 너무
갑작스럽고 무분별하게 넘어가지 않으려 주의를 기울이고 싶습니다.
그렇지만 저에게 세속적 실천으로서의 인문주의는 작가의 본래적 사적
자유 또는 교실이나 개인 서재 같은 상대적으로 사적인 공간 너머로
움직여갈 수 있고 그 이상에 거하고 있는 것이라는 사실만은 분명합니다.
물론 사적 자유나 사적 공간 모두는 우리가 인문학자로서 하고자
하는 일을 위해 필수불가결합니다. 교육은 인식의 원환을 확장하는
것입니다. 이 각각의 원환은 분석적으로는 구분되지만 세속적 현실
덕택에 서로 다른 것들과 연관되어 있지요. 독자는 특정한 장소에,
특정한 학교나 대학에, 일하는 장소에, 특정한 국가에 특정한 시간,
상황 아래 놓여 있습니다. 그렇지만 이러한 조건들은 수동적인 틀이
아닙니다. 인문주의적 지평을 그 직관과 이해의 성취를 확장해가는
가운데, 틀은 활발하게 이해되고 구성되고 해석됩니다. 그리고 이것이
바로 저항의 정체입니다. 저항은 곧바로 주어진 것과 보류되는 것 사이를
구별 짓는 능력입니다. 이 능력이 필요한 것은 인문학자가 넘어설 수
없는 자신의 상황으로 인해 제한된 공간 속에 갇히기 때문일 수도 있고,
오직 보도록 교육받은 것만 인식하도록 주입받았기 때문일 수도 있고,
경제·건강·복지·외교나 군사정책과 같이 시민으로서 인문학자에게
다급한 문제에 관해 발언할 권한이 오직 정책 전문가들에게만 있다고

여겨지기 때문일 수도 있습니다. 지배적인 지평과 제한을 받아들여야 할까요, 아니면 인문학자로서 그것들에 도전을 해보아야 하는 것일까요?

바로 이 지점에서 인문학이 지금의 미국과 미국을 포함한 세계에 갖는 현재성이 이야기되어야 하고 이해되어야 합니다. 인문학이 단순히 학생들과 동시대 시민들에게 잘 읽는 법을 가르치는 것 이상을 의미한다면 말입니다. 잘 읽는 법을 가르치는 것은 그 자체로 의미 있는 작업입니다만, 우리가 가진 창조적 에너지는 가장 고양된 상태로 간직된 내적 수용의 상태로부터 한 걸음 더, 더 나아가게 합니다. 물론 우리는 우리가 읽는 책의 단어와 구조로 계속 되돌아올 필요가 있습니다. 그러나 그 단어들 역시 시인이 효과적인 방식으로 세계로부터 가져온, 침묵으로부터 끄집어낸 것이듯—이러한 과정 없이는 창작이 불가능하지요—독자들도 각자가 살고 있는 다양한 세계 속으로 자신들의 독해를 확장해야만 합니다. 이러한 다양한 세계와 복잡하게 상호작용하는 전통에 대한 감각, 제가 소속과 분리, 수용과 저항이라 표현했던 피할 수 없는 조합을 갈고 닦는 것이 지금의 인문학자들에게는 특히 필요합니다. 인문학자의 임무는 어떠한 위치나 장소를 점하는 것도, 어느 곳에 그저 속해 있는 것도 아닙니다. 인문학자는 우리의 사회, 누군가의 사회, 타인의 사회에서 문제시되며 유통되는 사상과 가치에 내부인이면서 외부인이어야 합니다. 이러한 점에서 충분히 알려지지 않은 아이작 도이처의 에세이, 『유대인이 아닌 유대인』*The Non-Jewish Jew*을 떠올려보는 것은(제가 다른 곳에서도 인용한 바 있는데요) 시사적입니다. 이 책은 위대한 유대인 사상가들—프로이트, 하이네, 도이처 자신은 물론 그중에서도 으뜸인 스피노자—이 어떻게 그들의 전통 안에 있으면서도 동시에 그것을 부인했는지를 다루고 있습니다. 이들은 자신의 전통에 신랄한 물음을 던져 그것을 넘어서면서도 전통과 근본적인 유대를 유지했고, 때때로 공동체로부터 자신들을 추방하기도 했습니다. 아마도 우리 대부분은 이러한 인물처럼 변증법적으로 풍부하고 예민한 위치에 놓이기를 열망할 수 없거나 열망하기를 원하지 않을 것입니다만, 그러한 운명 속에서 미국 인문학자의 구체화된 역할, 요컨대 인문학자가 아닌 인문학자의 구체화된 역할은 분명하게 이해될 수 있습니다.

달리 말하자면, 제가 만약 인문학자로서 두 가지 역할 중 하나를 선택해야만 한다면, 즉 리처드 로티가 최근에 그렇게 말했듯 애국적으로 우리의 국가를 "긍정"하거나(로티는 "성취"한다고 표현했지만, 결국은 같은 것을 의미한다고 생각됩니다), 비애국적으로 국가에 대해 의문을 던지거나 둘 중의 하나를 선택해야 한다면 저는 주저 없이 의문을 던지는 자의 역할을 택하겠습니다. 인문주의는, 블랙머가 다른 맥락에서 모더니즘에 대해 말한 것처럼, 곤경의 기술技術입니다. 오늘날처럼 국가적, 국가 간의 지평이 거대한 변환과 재배치를 경험하고 있는 때에는 이러한 정의가 그대로 유지되어야만 합니다. 이러한 과제는 구성상 끝이 없습니다. 그러니 흥미롭고 도전할 가치가 있는 이 세계의 많은 부분들을 단순히 접어두고, 정체성을 위해 싸우고 변호하고 논쟁하도록 이끄는 해로운 결론으로 이끌려서는 안 됩니다. 탈냉전의 세계에서 정체성과 분리의 정치학은 (저는 공격적인 정체성 정치학에 대해서 말하고 있습니다. 소멸될 위협에 맞서 정체성을 변호하는 팔레스타인과 같은 경우는 아닙니다.) 응당 그래야 할 것보다 더 많은 곤경과 고통을 가져왔습니다. 정체성이 변호하고 보호하는 인문학, 전통, 예술, 가치 등과 정확히 연결될 경우에 특히 그랬습니다. 그 과정 중에 삶보다는 죽음을 대가로 치렀던 영토와 자아가 생겨났습니다. 9/11 이후 미국에서 이러한 경향은 너무나 심해져, "우리의" 역할과 전통에 대한 사색과 비교조주의적 검토는 언제나 미국이 지도하는 듯 보이는 전 세계를 향한 전쟁에 힘을 실어주는 것으로 귀결되고 말았습니다.

　미국의 인문학자에게 미적인 것과 민족적인 것/국가적인 것 사이의 긴장을 해결하기보다는 이를 유지하는 책임감을 받아들이는 것 이상으로 더 적절한 책임이 있을까요? 느리지만 합리적인 수용과 이해라는 인문주의적 방식으로, 미적인 것을 이용해 민족적/국가적인 것에 도전하고, 재검토하고 저항하면서 말입니다. 우리로 하여금 부분과 전체를 보도록 하는 이러한 연결을 구성하는 데 있어, 무엇을 연결 지을 것인가, 그것이 어떻게 가능하고 또 가능하지 않은가가 핵심입니다.

　희곡이나 소설에 구현되어 있는 논쟁적인 도덕적 우주moral universe를 논할 필요도 있고, 그러한 미적 경험 안에서 갈등과 선택이 열렬히 체현되는 것을 바라보는 일도 필요합니다. 그러나 우리를 둘러싼 세계에서 벌어지는 정의, 해방, 인간 고통의 감소를 위한 투쟁 안에서 이와 유사한 극적 상황을 발견하지 않는다면, 그것은 독해의 폐기입니다. 예컨대 경제학은 경제계 유명인사들, 매년 다보스(그러나 이곳에서도 소요는 일어나고 있습니다)에 모이는 CEO나 전문가들만의 영역이라 오해되지만, 수혜권, 분배, 가난, 기아, 공평, 자유의 문제를 다루는 조지프 스티글리츠나 아마르티야 센 같은 경제학자들의 절대적으로 근본적인 작업들은 모든 것을 지배하고 있는 시장 경제에 중대한 도전입니다. 저는 이 두 명의 노벨상 수상자를 인문학 전반에서 지적으로 일어나고 있는 움직임, 즉 세계화라는 지배적 패러다임이나 오인된 이분법—예컨대, 토머스 프리드먼의『렉서스와 올리브 나무』나 벤저민 바버의『지하드 대 맥월드』의 천박한 회유에서 보여지듯—에 관심을 두며, 그것을 재배치하고 또 그것에 저항하는 움직임의 교훈적인 예시로 제시하려 합니다. 1999년 11월 시애틀에서 일어난 사건이나 미건강관리기구HMO의 기업적 불공정의 정도가 지나쳐* 보험에

가입하지 않은 수백만의 환자들은 물론 의사들에게까지도 피해를
입히며 병원을 마비시키고 말았던 의료 시스템 폭동과 같은 문제는
모두 인문학이 다루어야 하는 문제들입니다. 정숙한 학문은 우리에게
끼어들지 말라고 가르쳤을지 모르나, 제가 짧고 암시적으로나마
제안했듯이 이 모두는 신중한 방식으로 검토해야하고 또 저항해야 하는
문제들입니다. 또한 9/11 이후 우리의 가치에 대한 호전적 "변호"에 더
많은 관심과 회의를 보낼 필요가 있다는 점 역시 분명합니다. 국가에
불만을 품고 때론 위협마저 느꼈을 예전 지식인들이 국가에 이의를
제기하며 널리 촉구했던 것보다 더 그래야 합니다.

    마지막으로 남아 있는 열강인 미국의 외교 정책―막대한 군사, 정치,
경제적 자원을 투여하고 배치하는 것이 골자인―이 어떠한 도전도 받지
않는 새로운 종류의 간섭주의가 된 이 시점에, 미국의 인문학자들은
민족/국가와 문화의 세계에서 미국의 위치를 중요하게 고려해왔습니다.
지금 이곳 미국의 인문학자는 브라질, 인도, 남아프리카의 인문학자와
같을 수 없으며, 나아가 유럽 주요 국가의 인문학자와도 같을 수
없습니다. 심야 뉴스 해설자가 국무장관에게 사담 후세인에 대한
"우리의" 제재가 그럴 만한 가치가 있는지에 대해 정중히 질문할 때,
이때의 "우리"는 과연 누구입니까? 그 무시무시한 "정권"에 가담하지
않은, 말 그대로 수백만 명의 무고한 민간인들이 학살당하고 불구가
되고 기아에 허덕이고 폭격을 맞는 걸 보고 우리의 힘을 실감하게 될 때,
이때의 "우리"는 과연 누구입니까? 또는 뉴스 진행자가 현 국무장관에게
대량살상무기를 보유한 이라크를 처벌해야 한다는 "우리"의 기준을
이스라엘의 무기 소지에 대해서도 똑같이 적용할 것인지를 물어 대답을
듣지 못할 때, 이때의 "우리"는 과연 누구입니까?

    우리(we 또는 us)라는 대명사의 배치는 서정시와 송시頌詩, 만가挽歌와

비극의 재료이므로, 우리는 우리가 받아온 교육에 근거해 책임과 가치에 대해, 자부심과 유별난 오만에 대해, 엄청난 도덕적 무분별에 대해 의문을 제기할 필요가 있습니다. 민간인들에게 폭격을 가하는 "우리", 이라크의 위대한 유산이 약탈당하고 강탈당하는 상황을 짐짓 대수롭지 않게 여기며 "일이 좀 생겼습니다"라던가 "자유는 소란스러운 법입니다"*라 말하는 "우리"는 누구입니까? 우리 중 누구든 어느 자리를 빌어서든 심도 있게 말할 수 있어야 합니다. 나는 그런 "우리"가 아니요, "당신"이 내 이름으로 하는, 또는 하지 않는 일과도 관계가 없다고 말해야 합니다.

    인문학은 독해에 관한 것이고, 관점에 관한 것이며, 인문학자의 작업을 통해 하나의 영역, 하나의 인간 경험에서 다른 영역, 다른 경험으로 이행하는 것입니다. 인문학은 또한 국가나 국가가 벌인 전쟁이 내세우는 정체성과는 다른 종류의 정체성 실천에 관한 것입니다. 이러한 대안적 정체성은 우리가 읽으며, 텍스트의 한 부분을 다른 부분과 연관지으며, 주의를 기울여야 할 영역들을 확장해 타당성의 범위를 넓혀가는 동안 구성됩니다. 제가 인문학과 인문주의에 대해 이야기한 모든 것들은 개인적 특수성에서 출발해야만 하고 또 그럴 수밖에 없다고 저는 강하게 확신합니다. 개인적 특수성이 없다면, 진정한 문학도, 입 밖에 내어 소중히 간직할 가치가 있는 말도, 보호하고 독려할 만한 인간의 역사나 행위능력도 없을 것입니다. 그러나 인간이 유명론자인

---

* 1970년대부터 의료비 억제 차원에서 이용자의 의료서비스 선택을 제한하기 시작했다. HMO의 회원은 HMO가 지정한 의료기관에서만 의료서비스를 받을 수 있으며 다른 의료기관에서 진료를 받으면 보험혜택을 받을 수 없다.
* 도널드 럼스펠드 국방장관의 말.

동시에 실재론자가 될 수도 있듯, 동원된 집합적 자기self로의 비약에
관해—주의 깊은 이행이나 신중한 숙고 없이, 또 매개되지 않은
확언만을 가지고서—논평할 수도 있습니다. 이 비약은 인간이 변호할
그 어떤 것보다 파괴적인 결과를 가져오는 것입니다. 이러한 이행 없는
비약을 매우 열심히 매우 철저하게 살펴볼 필요가 있습니다. 루카치가
총체성totality이라 불렀던 것, 실체적으로 알 수는 없지만 강렬하게
결집하는 것과 통하는 이 이행 없는 비약은, 정말로 거대한 힘을
소유하고 있습니다. 왜냐하면 이 비약은 조심스럽고도 신중하고 또한
인간적이어야 할 행위의 자리를 이치에 맞지 않게 집합적으로 대신하기
때문입니다. 국무장관 올브라이트는 이렇게 말합니다. "우리는 이 제재가
그럴 만한 가치가 있다고 생각합니다." "그럴 만한"이라는 말은 신속히
전달되어 숱한 민간인들을 대량 살해하는 학살과 파괴가 됩니다. 이러한
집합적 강도짓으로의 비약을 깨뜨리는 유일한 말은 "인간적인"이라는
단어입니다. 일반적 인간성이란 것의 껍질을 벗겨내 다듬고 탈신비화하지
않는 인문학자는 말 그대로 떠벌리는 금관악기요 딸랑거리는
심벌즈입니다. 이는 자연스럽게 우리를 시민권의 문제로 이끕니다.
당연한 것이죠.

    인문학자가 이 세계는 세계를 경영하는 것을 직업으로 삼는
이에게 맡기고 텍스트로 돌아가라는 명령과 더불어 꾸중을 들을 때,
다음과 같은 사실을 기억해두는 것은 유익할 뿐더러 절박하기까지
합니다. 즉 우리의 시대와 우리의 국가가 상징하는 것은 정착해 여기에
영구적으로 존재하는 것뿐만이 아니라, 정착하지 못하고 오갈 데 없는
추방자들, 이민자들, 떠돌고 있거나 포로로 잡힌 사람들의 기록되지 않은
격동이기도 하다는 사실 말입니다. 이들은 자신들이 겪고 있는 것을
충분히 설명해주는 기록도, 적절한 표현 수단도 가지고 있지 못합니다.

미국은 깊이 흔들리는 그 에너지 안에서 학계의 전문화를 넘어서는 폭넓은 인식을 가질 필요가 있습니다. 젊은 세대의 인문학자들은 이러한 인식을 세계시민적이고, 세속적이고 유동적이라 부르지요.

아이러니한 사실은 정보가 유례 없는 속도로 팽창하고 빠른—단조롭고 일차원적이라 할지라도—소통이 이루어지는 이 극단의 시대에, 그 어느 때보다도 많은 경험이 주변화와 통합, 동질화하는 언어 과정으로 인해 소실되고 있다는 점입니다. 여기저기 돌아다니는 제국의 기자들은 기록되지 못한 사람들의 경험을 지구의 끄트머리에서 일어나는 대수롭지 않은 일로 묘사하지요. 그러나 저는 인문학이 침묵과 기억의 세계와 떠돌이들, 근근이 살아가는 사람들의 세계, 배제와 보이지 않는 장소들, 증언—언론보도로 이어지지는 않더라도, 점점 더 과도하게 착취되는 환경, 지속가능한 소규모 경제나 작은 국가, 메트로폴리탄 중심의 게걸스런 입 안은 물론이거니와 주변으로 밀려난 사람들이 세계화의 두드러진 특징인 착취와 평준화, 퇴거의 과정에서 살아남을 수 있는가에 관한—같은 것들을 발굴해야만 한다고 믿습니다.

미국의 한 인문학자로서, 언제나 변화하고 있으며 수용적이고 저항적이라 믿고픈 저의 실천에 가장 중요한 특징을 이루어온 사유로 결론을 맺고 싶습니다. 이것이 바로 제가 인문학적 경청의 관심 영역을 시간적 관점보다는 공간적이고 지리적인 관점에서 인식하는 방식이기 때문입니다. 우리 시대와 우리 국가의 움직임은 영토 안과 밖의 움직임입니다. 장소와 이동의 가차 없는 역동 속에서 그 안으로 들어가고 그곳을 떠나가기, 머무르려 노력하기, 새롭게 정착하기 등은 은유적으로나 실제적으로 국경의 위치가 정착된 것으로 드러나지 않는 이 끝없는 움직임의 나라에서 여전히 큰 화제입니다.

이 지점이 저에게는 인간 역사의 핵심적 사실로 보입니다. 이제 막

끝이 난 에릭 홉스봄의 짧은 "극단의 세기" 동안 이민자이자 방랑자, 표류자로서의 우리의 경험이 과거에 대한 우리의 관점을 이토록 결정적·정치적·실존적으로 채색했기 때문일 것입니다. 종종 부르디외가 그렇게 썼듯이, 장site 또는 장소—교외가 되었든, 게토, 체첸공화국, 코소보, 이라크, 아프리카가 되었든—는 다소간 통제되지 않는 언어와 이미지, 요컨대 타블로이드나 정치적 선전 또는 루머가 자극하는 감정 경험으로부터 자라나는 환영phantasms입니다. 그러나 수용된 관념과 일상적 담론(매우 심오한 차원에서 인문주의적 독해가 관여하는)을 버리기 위해서는, 우리가 보통 생각하는 것처럼 "가서 보는 것"만으로는 충분치 않습니다. 실제로 경험주의적 미망(세계의 문제를 다루는 오늘날의 미디어에서는 거의 규범이 되었다 할 수 있는)은 그렇게 강력하지 않습니다. 현실과 직접 대면하기 어려운데다 위험이 뒤따르기도 하기에 대면 자체가 일종의 신용을 담보하는 상황에서처럼 강력하지 않다는 거죠. 현장에서 본 것과 생활한 것의 본질적인 원리가 다른 곳에 있다고 믿을 분명한 이유가 있습니다.

점점 더 우리는 사고의 부정적-억견의 방식para-doxal mode of thought(억견doxa: 상식, 수용된 이상)을 실천해야만 합니다. 이는 분별이나 바람직한 감정 모두에 회의적입니다. 상식적인 사람들의 눈에는 "부르주아에게 충격을 주려는" 욕망이 추동하는 입장으로 비치거나 또는 우리 사회에서 가장 혜택 받지 못하는 사람들의 고통에 무자비하고 무관심하게 비춰질 수 있습니다만, 이 위험도 감수를 하죠. 다음은 말년의 피에르 부르디외가 한 제안이지만 미국의 인문주의자에게도 유용합니다. "우리는 사회 공간 구조와 물리적 공간의 구조 사이의 관계에 대한 엄밀한 분석을 통해 장소에 대한 실체론적 [말하자면, 제가 앞서 말씀드린 것처럼 매개되지 않고, 변화하는 이행도 없는 것이죠]

사고에 새겨져 있는 오류와 오도된 외양을 깨뜨릴 수 있다."(123)

인문주의는 우리가 언어의 공간과 그 언어가 물리적·사회적 장소에서 갖는 다양한 기원과 배치 사이에서, 이러한 종류의 율법폐기론적 또는 대립적 분석을 행하기 위해 필요한 수단, 아마도 의식consciousness이라고 저는 생각합니다. 텍스트에서 전유 또는 저항의 실제적 장소로 전송으로, 독해와 해석으로, 사적인 것에서 공적인 것으로, 침묵에서 해설과 발화로, 그리고 다시 우리 자신의 침묵, 필멸성과의 마주침으로 돌아갑니다. 이 모든 것들이 세계 안에서, 일상의 지반 위에서, 역사와 희망 안에서, 지식과 정의를 찾는 가운데, 그리고 아마도 또한 자유를 찾는 가운데 일어나고 있습니다.

4

에리히 아우어바흐의 『미메시스』

『미메시스』의 성취이자 필연적인 비극적 결함은 역사적 세계의 문학적 재현을 연구하는 인간의 정신이라면 누구나, 자신이 속한 시대와 그 작업의 제한적 시야를 가지고서 나아갈 수밖에 없다는 사실에 있습니다. 위대한 학자는 언제나 배움과 헌신, 도덕적 목적을 가지고 자신의 비전을 뒷받침할 수 있을 뿐이라는 사실, 그 이상의 과학적 방법이나 그 이하의 주관적 시선은 가능하지 않습니다.

이 장에서 주로 인용되는 아우어바흐의 『미메시스』 번역은 김우창과 유종호가 번역한 한글판 (1, 2권)을 참조했다. 원서의 쪽수 뒤에 한글판의 쪽수를 표기하였다.

시작하며

이번 장 역시 인문주의에 대한 숙고의 과정 가운데 하나이므로, 단 하나의 작품과 문자 그대로 미국인이었던 적이 없는 한 명의 저자만을 다루는 이유에 대해서 설명을 드려야겠습니다. 인문주의에 대한 저의 의견을 계속 주장하기보다는 저에게 필생의 중요성을 갖는 한 작품, 비록 50년 전 책이기는 하나 제가 아는 한 인문주의적 작업의 정점을 구현하고 있다고 볼 수 있는 이 작품을 살펴봄으로써 제 주장을 구체적으로 예증할 수 있다면 더할 나위 없이 좋겠다고 생각합니다. 아우어바흐의 『미메시스』는 제2차 세계대전 와중에 이스탄불에서 독일어로 집필되었고, 1953년 미국에 영어로 소개되었습니다. 전쟁 후 미국으로 건너와 예일대 교수로 재직하다 1957년 영면할 때까지, 아우어바흐는 말하자면 이식된 미국의 인문학자였습니다. 제가 다룰 이 책과 저자에게는 흥미로운 극적 요소가 너무나 많은데요, 이 강의를 통해 여러분에게 이야기해 드릴 수 있었으면 합니다. 『미메시스』는 지난 반세기 동안 가장 위대하고 가장 영향력 있는 문학적 인문학 작품이며, 제가 앞서 세 장에서 이야기해왔던 것의 많은 부분을 다루고 있으므로, 인문주의적 실천의 정점을 보여주는 예시로 읽을 수 있습니다.

미메시스

> 인간은 어머니가 그들을 세상에 내놓은 그 날에 태어나는 것이 아니다. 인간에게 태어남을 강요하는 것은 삶이다.
> ―가브리엘 가르시아 마르케스

비평서의 영향력과 명성의 지속은(비평서를 쓰면서 최소한 한 철 이상은 읽혀지기를 바라는 비평가에게는) 낙담스러울 정도로 짧습니다. 제2차 세계대전 이후 영어로 집필된 책들의 절대 분량은 어마어마하지만, 하루살이는 아니더라도 상대적으로 수명이 짧았고 그다지 영향력을 행사하지 못했습니다. 비평서는 학계의 유행 흐름에 편승해서 대개 물밀듯이 쏟아져나오지만, 대부분은 뒤이은 취향, 유행, 독창적인 지적 발견들에 재빨리 자리를 내주게 됩니다. 오직 소수의 책만이 오래도록 존속하며, 반대의 운명을 가진 대다수의 책들과 비교하면 놀라울 정도로 영속적인 힘을 갖습니다. 그리고 이는 분명 에리히 아우어바흐의 위엄에 찬 『미메시스: 서구 문학에 나타난 현실 묘사』*Mimesis: The Representation of Reality in Western Literature* 에 가장 분명하게 들어맞는 사실이라고 생각합니다. 정확히 50년 전 프린스턴 대학출판사에서 윌러드 R. 트래스크의 아주 읽기 좋은 번역으로 내놓았지요.

부제에서도 대번에 알 수 있듯이, 아우어바흐의 책은 그 범위와 야심에서 다른 책들을 압도합니다. 이 책이 다루는 문학 걸작들은 호메로스와 『구약』에서 버지니아 울프, 마르셀 프루스트까지 관통합니다. 물론 아우어바흐 자신이 책 말미에서 분량상의 문제로 중요한 근대 작가인 파스칼과 보들레르는 물론 중세 문학의 상당 부분을 생략할 수밖에 없었다고 사과하듯 이야기하긴 하지만요. 중세 문학에 관해서는 그의 마지막 유작으로 출판된 『후기 고대 로마와 중세의 문학 언어와 그 애호가들』*Literary Language and Its Public in Late Latin Antiquity and in the Middle Ages* 에서, 파스칼과 보들레르에 관해서는 다양한 저널과 그의 에세이 모음집인 『유럽 문학 극적 사건의 몇몇 장면들』*Scenes From the Drama of European Literature* 에서 다루고 있습니다. 이 모든 글에서 아우어바흐는 개인적 색채가 묻어나는 비평 스타일을 동일하게 보여줍니다. 즉 특정 작품의 원문을 그대로 길게 인용하면서 각 장을 시작한 뒤, 유용한 번역을 뒤이어 제시하며(1946년 베른에서 처음 출판된 『미메시스』 원본에서는 독일어 번역으로, 뒤이은 대부분의 그의 책에서는 영어 번역으로 나왔지요) 이로부터 자세한 설명적 문학비평explication de texte*이 느긋하고도 명상적인 보폭으로 펼쳐집니다. 이것이 순서대로 발전해나가 어느 구절의 수사적 문체가 사회정치적 맥락과 맺는 관계에 관한 잊지 못할 일련의 논평이 만들어지게 되지요. 아우어바흐가 최소한의 장식과 사실상 어떠한 학술적 인용도 없이 이루어낸 눈부신 위업입니다. 아우어바흐는 『미메시스』의 결론에서 설사 자신이 원했다 하더라도, 학술적인 유효한 자원들을 활용할 수 없었노라고 말합니다. 무엇보다 책을 쓸 당시 자신은 전쟁통의 이스탄불에 있었기 때문에 자료를 찾기 위해 서구의 학술 도서관에 드나들 수가 없었고, 두 번째 이유로, 엄청나게 방대한 이차 문헌에서 참고자료를 얻었다 하더라도 오히려 이 자료들이 그를 정신없이 몰아쳤을 것이기 때문에 자신은 이 책을 쓸 수 없었을 것이라고 말합니다. 상황이 이러했기에 자신이 가지고 있던 일차 문헌과 더불어 아우어바흐가 기댄 것은 오직 기억, 그리고 책이 속해 있는 세계와 책의 관계를 명확히 해주는 확실한 해석적 기술이었습니다.

  영어 번역에서조차, 아우어바흐의 스타일을 각인하는 특징은 평온하고 때때로 고상한 궁극의 침묵 같은 어조입니다. 무엇보다 학자이자 문헌학자인 자신의 임무에 대한 끈기 있고 애정 어린 확신이 은은한 학식과 어우러지는 모습을 보여줍니다. 그런데 이토록 진정으로

---

* 영미권 맥락에서의 정밀한 독해 close reading와 유사한 것으로 프랑스 형식주의자들의 개념이다. 작품의 원전과 언어, 문체, 내용의 상호관계를 규명하는 데 초점을 맞춘다.

뛰어난 영향력을 가지며 수명을 다하지 않는 이 책을 쓴 그는 과연 누구이며, 어떠한 배경과 수련이 이를 가능하게 했을까요? 1892년 베를린의 독일 유대인 가정에서 태어난 아우어바흐는 『미메시스』가 영어로 번역되어 나올 당시 이미 60세였습니다. 전해오는 이야기에 따르면 그는 고전적인 프로이센식의 엄격한 교육을 받았고, 독일과 프랑코-라틴 전통이 매우 특별한 방식으로 결합된 베를린의 엘리트 고등학교인 저명한 프랑스Französisches 김나지움을 졸업했습니다. 1913년 하이델베르크에서 법학 박사학위를 받은 그는 제1차 세계대전 동안 독일군에 복무한 뒤, 법학을 그만두고 그라이프스발트 대학에서 로망스어로 박사학위를 받습니다. 아우어바흐에 대한 중요한 책을 쓴 제프리 그린은 그가 전쟁에서 겪은 "폭력과 공포"가 법에서 문학 탐구로, 즉 "사회의 거대하고 둔감한 법적 제도로부터 … 문헌학이라는 아득하고도 변화무쌍한 형태에 대한 [탐구로]"(Green, 20~21) 진로를 변경하는 데에 영향을 미쳤다고 말합니다.

  1923년에서 1929년까지 아우어바흐는 베를린의 프로이센 주 도서관에서 일하게 됩니다. 이 시기에 그는 문헌학적 자질을 키워 두 개의 주요한 작업을 완성합니다. 그 가운데 하나가 잠바티스타 비코의 『새로운 학문』의 독일어 번역이고, 다른 하나가 『단테, 이 세계의 시인』Dante als Dichter der Irdischen Welt(이 책은 1961년 『단테, 세속적 세계의 시인』Dante, Poet of the Secular World이라는 제목으로 영어로 번역되었을 때, 결정적인 단어인 Irdischen, "이 세계의"earthly라고 해야 할 이 단어가 훨씬 더 모호한 "세속적"으로 좀 불완전하게 번역이 되었지요)이라는 제목이 붙은 단테에 대한 독창적 논문이었습니다. 아우어바흐가 일생을 걸고 이 두 작가에게 몰두했다는 사실은 그의 관심사가 가진 특징적이고 구체적인 면모를 명확하게 보여줍니다. 텍스트가 실제로 말하는 것보다 암시하는 것을 더 선호하는 오늘날의 비평가들과는 다른 면모지요.

우선, 아우어바흐의 사유는 로망스어학, 즉 라틴어로부터 비롯된 문학연구의 전통에 뿌리를 두고 있으나, 흥미롭게도 성육신incarnation이라는 기독교의 교리(그리고 여기서 로마교회가 나오지요)나 그 세속적 지지물인 신성로마제국을 통하지 않고는 이데올로기적으로 이해하기 어렵다는 점을 말씀드려야겠습니다. 또 다른 부가적 요소를 들자면, 프로방스어에서부터 프랑스어, 이탈리아어, 스페인어에 이르는 다양한 통속 언어들이 라틴어에서 파생되어 나온 사실입니다. 아우어바흐와 뛰어난 동시대인들인 카를 포슬러, 레오 스피처, 에른스트 로베르트 쿠르티우스에게 문헌학은 무미건조한 학계의 어원 연구가 아니라, 하나의 또는 여러 개의 로망스어로 된 가용可用 기록들, 예컨대 화폐학에서부터 금석학金石學, 문체론에서 고문서 연구, 수사학과 법에서부터 연대기, 서사시, 설교, 희곡, 이야기, 산문을 포함하는 포괄적이고 실질적인 문학 개념 모두를 두루 연구하는 것이었습니다. 본질적으로 비교학인 20세기 초반의 로망스어 문헌학의 주된 절차적 개념은 대체로 독일의 해석학 전통에서 옵니다. 이 전통은 프리드리히 아우구스트 볼프의 호메로스 비평으로부터 시작해 헤르만 슐라이어마허의 성서 비평으로 이어지고, 니체(직업이 고전 문헌학자였던)의 가장 중요한 저작을 포함하며, 정교하게 체계를 이룬 빌헬름 딜타이의 철학에서 정점에 도달합니다.

딜타이는 문어文語 텍스트(그중에서 미적 걸작이 중심축을 이루지요)의 세계가 체험erlebnis의 영역에 속한다고 말합니다. 체험이란 해석가가 작품의 내적 성신Geist의 실체에 대한 학식과 주관적 직관einfülung을 결합해 회복하려고 하는 것입니다. 지식에 대한 딜타이의 개념은 자연 세계(그리고 자연과학)와 정신 세계라는 애초의 구분에 기대고 있습니다.

딜타이는 정신적 대상 세계에 대한 지식의 기초를 객관적인 요소와 주관적인 요소의 혼합으로 정의하면서, 이 지식을 Geisteswissenschaft*, 즉 마음 또는 정신의 산물에 관한 지식으로 정의하고 있습니다. 영국이나 미국에는 이에 상응하는 말이 없지만(문화연구가 근접하기는 합니다), 독일어권 국가들에는 이와 관련해 일종의 공인된 학문 영역이 있습니다. 『미메시스』에 이후 추가된 부분인 『에필로고메나』*The Epilogomena*(1953)에서 아우어바흐는 자신의 작업이 "독일 지성사와 문헌학의 주제와 방법에서 유래한다. 독일 낭만주의와 헤겔의 전통이 아니라면 상상할 수 없었을 것이다"라고 명백하게 밝히고 있습니다.

아우어바흐의 『미메시스』를 읽으면서 독특하고 때론 애매모호한 텍스트에 대한 뛰어나고 흥미진진한 설명을 높이 평가할 수 있지만, 이 책의 여러 선조들과 구성요소를 분해해보는 것도 필요합니다. 그 가운데 많은 부분이 현대의 독자들에게는 낯선 것이지만 아우어바흐가 때때로 무심결에 언급하는 사항일 뿐 아니라 책의 전 부분을 통해 언제나 당연하다는 듯이 제시되고 있거든요. 18세기 나폴리 대학의 라틴 수사학과 법률학 교수였던 잠바티스타 비코에 대한 아우어바흐 필생의 관심은 비평가이자 문헌학자인 그의 작업에 절대적인 중심을 이루고 있습니다. 1745년 유작으로 발표된 걸작『새로운 학문』의 3판에서 비코는 경이로운 힘과 뛰어난 재기로 혁명적 발견을 정식화합니다. 비코의 독창적인 주장은, 역사에 무관심하고 맥락을 고려하지 않는 분명하고 명료한 데카르트적 추상에 대한 반작용으로서, 인간 존재가 역사적 창조물임을 강조합니다. 인간은 스스로 역사를, 비코가 "민족/국가들의 세계"라 부른 것을 만들어가기 때문입니다.

그러니 역사를 이해하거나 해석할 수 있는 까닭은 "인간이 그것을 만들었기" 때문입니다. 우리는 오직 우리가 만든 것만을 알 수 있으니 말입니다. (신이 자연을 알 수 있는 것은 그가 자연을 만들었기 때문이라는 것과 같은 이치이지요.) 비코는 이렇게 말합니다. 우리에게 텍스트의 형태로 오는 과거의 지식은 오직 그 과거를 만든 이의 관점으로만, 적절히 이해될 수 있다고 말입니다. 호메로스 같은 고대 저자의 경우 그 관점은 원시적이고 야만적이고 시적이라고 해야겠지요. 비코 고유의 어휘 사용법을 따른다면, "시적"이라는 단어는 원시적이고 야만적이며, 생생하고 진정으로 창의적이란 뜻입니다. 왜냐하면 초기 인간 존재는 이성적으로 생각할 수 없었으나 무모하고도 매력적인 편안함 속에서 공상에 잠길 수 있었기 때문입니다. 비코는 호메로스의 서사시를 만든이와 그 시대의 눈으로 탐구하면서, 호메로스가 그 위대한 서사시로 추앙받으므로 플라톤이나 소크라테스, 베이컨 같은 현자가 틀림없다고 가정하는 해석가들을 반박합니다. 대신 비코는 호메로스의 정신이 야생성과 방만함 가운데 시적이며, 지혜롭거나 철학적이기보다는 야만적이고 비논리적인 망상으로 가득 차 있으며 아킬레우스나 파트로클레스처럼 누구보다 거칠고 몹시 성마른, 신이 아니라 인간을 닮은 신들로 가득하다고 주장합니다.

    비코의 위대한 발견이란 바로 이 원시적 정신성이며, 이것이 유럽의 낭만주의와 상상력 숭배에 미친 영향은 깊습니다. 비코는 또한 역사적 정합성cohenence 이론을 정식화하기도 했는데요, 이 이론은 각각의 시대가 어떻게 언어, 예술, 형이상학, 논리, 과학, 법, 종교를 통해 공통적이고 고유한 특징을 드러내는가를 보여줍니다. 예컨대 원시 시대는 야만적

---

* 정신과학으로 옮기는 것이 보통이나 쉽게 번역하기 힘든 단어라는 걸 강조하기 위해, 사이드가 했듯이 독일어 원문만 표기했다.

정신—두려움, 죄책감, 공포에 근거한 광란적 신의 이미지—을 투영한 원시적 지식을 생산하고, 이어 인간 종족을 보존하고 여기에 지속적 역사를 부여하는 결혼이나 사자死者의 매장 같은 제도가 생겨납니다. 거인과 야만인의 시적 시대는 영웅의 시대로 이어지고 서서히 인간의 시대로 진화해갑니다. 그러므로 인간의 역사와 사회는 창조된 것이며, 이 모든 수고로운 과정은 전개, 발달, 모순, 그리고 가장 흥미롭게도 재현의 과정입니다. 각각의 시대는 현실을 보고 명료하게 표현하기 위한 고유의 방법 또는 눈을 가지고 있습니다. 그러므로 호메로스가 글을 썼던 폭력적으로 구체화된 시적 이미지의 시대가 지난 다음(그동안이 아니라) 플라톤이 자신의 사유를 개진시킬 수 있었던 것이죠. 시의 시대는 고도화된 추상과 이성적 담론성이 지배적인 시대에 자리를 내주었던 것입니다.

 이 모든 발달의 과정은 일종의 주기를 가지고 나타납니다. 원시적인 것에서 진보적이고 퇴락한 시대로, 그리고 다시 원시적인 것으로 되돌아갑니다. 비코에 따르자면 이 과정은 인간 정신의 변형에 따라, 즉 역사를 만들고 또 역사를 만든 이의 관점에 따라 역사를 재검토할 수 있도록 만드는 인간 정신의 변형에 따라 이루어집니다. 이것이 아우어바흐와 비코의 주된 방법론적 핵심입니다. 인문학적 텍스트를 이해하기 위해서는 마치 우리가 저자의 현실을 살았고 저자의 일생에 내재한 삶의 경험을 겪은 듯이 읽어야 합니다. 이 모든 학식과 공감의 결합이 문헌학적 해석학의 특징을 이룹니다. 그래서 비코와 그의 영향을 받은 제임스 조이스 같은 많은 작가들에게 실제 사건과 누군가의 숙고하는 정신의 변형을 구분하는 선은 명확하지 않습니다. 그러나 아마도 인간 지식과 역사의 이러한 비극적 결합은 인문주의 자체에 속한 해결되지 않는 모순 가운데 하나일 것입니다. 이러한 모순 안에서 과거를 재구축할 때 사유의 역할은 배제되지 않지만, "실제"와 일치하지도 않는 것이지요. 그렇게 해서 아우어바흐의 『미메시스』의 부제인 "현실의 재현"이 나오게 되며, 이 책 속에서 지식과 개인적 직관 사이의 동요가 발생하게 됩니다.

19세기 초반 즈음, 비코의 작업은 유럽의 역사가, 시인, 소설가, 문헌학자들에게는 물론이고 미슐레, 콜리지, 마르크스, 조이스에게까지 엄청난 영향을 미쳤습니다. 아우어바흐는 비코의 역사법칙주의historicism(때때로 역사주의historism라고 불리는)에 몰두함으로써 자신의 해석학적 문헌학을 뒷받침하며 아우구스티누스나 단테를 저자의 관점으로 읽어냅니다. 이때 저자가 자신의 시대와 맺는 관계는 유기적이고 통합적이며, 사회 발전 단계 가운데 특정한 시점에 놓인 사회의 특징적인 역동성의 맥락 안에서 이루어지는 일종의 자기 만들기self-making입니다. 나아가 독자-비평가와 텍스트 사이의 관계는 후대의 한 낯선 정신이 역사적 텍스트에 일방적으로 개입하는 것이 아니라, 시대와 문화를 초월해 우호적이고 정중한 지성으로서 서로의 관점에서 서로를 이해하려 애쓰며 대화하는 두 정신 사이의 공감어린 대화로 바뀌게 됩니다.

분명한 것은 이러한 접근이 상당한 학식을 필요로 한다는 점입니다. 언어, 역사, 문학, 법, 신학, 일반 문화에 대해 어마어마한 훈련을 받은 20세기 초반 독일의 로망스어 문헌학자들에게 단순한 학식만으로는 충분치 않았지만 말입니다. 기본적인 독해를 위해서는 독일어와 영어는 물론 라틴어, 그리스어, 히브리어, 프로방스어, 이탈리아어, 프랑스어, 스페인어에 능통해야 했고, 각 문화권의 전통, 주요 정전의 저자, 정치, 제도, 그 시대 문화는 물론 이 모든 것과 상호 연결된 예술에도 정통해야 했습니다. 문헌학자가 되기 위한 훈련에는 수년의 시간이 필요했습니다.

아우어바흐는 훈련을 잘 해내기 위해 서두를 이유가 없었다고 재미난 소회를 밝히고 있기는 합니다. 그는 1929년 마르부르크 대학의 학장으로 교수 생활을 시작했습니다. 그가 단테에 관해서 쓴 책 덕분에 이 자리를 얻을 수 있었는데요, 저는 여러 가지 면에서 이 책이 그의 가장 흥미롭고 진지한 작업이라고 생각합니다. 해석학적 기획의 중심에는 이러한 배움과 연구뿐만 아니라, 다른 시대와 다른 문화에서 온 텍스트에 대한 매우 특별한 종류의 공감을 길러내야 한다는 과제가 있습니다. 로망스 문학을 전공하는 독일인에게 이 공감은 거의 이데올로기적 계산을 요한다고 할 수 있습니다. 프로이센이 이웃이자 경쟁국 가운데 가장 강력한 프랑스와 오랜 동안 적대관계였다는 상황을 고려하면 그렇습니다. 로망스어를 전공하는 독일 학자는 두 가지 선택지를 갖습니다. 프로이센 민족주의를 위해 (아우어바흐가 제1차 세계대전 때 군에 복무했던 것처럼) 입대하거나 기술과 직관을 가지고 "적"을 연구하면서 계속되는 전쟁에 힘을 보태는 것이 첫 번째 선택입니다. 다른 하나는 아우어바흐와 그의 동료들이 그랬던 것처럼, 호전성이나 지금의 "문명의 충돌" 논제 같은 것을 서로를 반기는 환대의 자세를 갖춘 인문주의적 지식으로 극복하면서 전쟁의 문화를 상호성과 상호의존의 관계 속에서 재편성하는 것입니다.

이 독일인 로망스어 학자가 프랑스어, 이탈리아어, 스페인어에 일반적으로, 프랑스어에 특별히 기여한 또 다른 부분은 분명 문학적인 것입니다. 『미메시스』의 근간을 이루는 역사적 궤도를 돌아보자면, 고전 고대의 문체 분리에서 시작해 『신약』에서의 문체의 뒤섞임, 단테의 『신곡』이 달성한 최초의 위대한 문체적 절정, 19세기 프랑스 리얼리즘 작가들인 스탕달, 발자크, 플로베르에게서 볼 수 있는 문체의 결정적 극치, 그리고 프루스트까지 이어지는 여정입니다. 현실의 재현이 아우어바흐의 주제이므로 그는 어디서, 어떤 문학이 가장 훌륭하게 재현했는가에 대한 판단을 내려야만 했습니다. 『에필레고메논』에서 아우어바흐는 이렇게 설명합니다. "모든 시기에서 로망스어 문학은 유럽을 좀 더 대표한다고 할 수 있다. 예컨대 독일보다도 말이다. 12세기와 13세기 프랑스는 의심할 바 없이 주도적인 역할을 맡았다. 14세기와 15세기 이탈리아가 그 자리를 차지했다. 그리고 다시 17세기에 프랑스로 넘어오고 18세기의 상당 부분, 19세기에 여전히 일정 부분을 맡는 것으로 이어져, 현대 리얼리즘의 기원이자 전개를 보게 된다(회화에서와 마찬가지로)."(570) 저는 아우어바흐가 이 모든 과정에 상당히 기여한 영어의 공과를 인정하는 데 인색했다고 생각합니다. 아마도 그의 시야의 맹점이겠지요. 아우어바흐는 위의 진술이 독일 문화에 대한 혐오에서 오는 것이 아니라 독일 문화가 "19세기에 일종의 시야의 한계를 … 보여주었다"(571)는 유감스러움에서 온다고 말합니다. 이제 곧 보게 되겠지만 아우어바흐는 『미메시스』에서도 그랬듯 이 한계가 무엇이었는지 구체적으로 이야기하지는 않습니다. 대신 "재미와 휴식을 위해" 그는 여전히 자신이 연구하는 프랑스 작가들보다 괴테, 슈티프터, 켈러를 읽는 것을 더 좋아한다고 덧붙이는데요, 보들레르에 대한 뛰어난 분석을 하고 나서는 그를 좋아하지 않노라고 말하기까지 하죠.(571)

    독일을 대개 인간성에 반하는 끔찍한 범죄나 사회주의(『미메시스』에서 아우어바흐가 조심스럽게 몇 번 암시하는)와 연관 짓는 오늘날의 영어권 독자들에게, 로망스어 전문가인 아우어바흐가 구체화한 해석학적 문헌학의 전통은 고전적 독일 문화의 진정한 면모를 보여줍니다. 그 방법론적 관용, 그리고 이와 모순되는 것으로 보일 수도 있는 다른 문화와 언어의 사소하고 지역적인 사항에 대한 유별난 관심이 그렇습니다. 매우 포용적이며 진정 이타적이라 할 수 있는 이러한 태도를 앞서 명료하게 보여줬던 선구자는 괴테입니다.

괴테는 1810년부터 10년간 이슬람 문화 전반, 그중에서도 페르시아 시에 매혹되었지요. 이 시기에 괴테는 그의 가장 훌륭하고도 사적인 사랑시인 『서동시집』West-Öestlicher Diwan(1819)을 썼습니다. 괴테는 위대한 페르시아 시인인 하피즈의 작품과 코란의 시가에서 새로운 서정시적 영감을 받아 다시 깨어난 육체적 사랑의 감각을 표현했음은 물론이거니와, 자신의 지기였던 첼터에게 보낸 편지에서도 썼듯이 이들 이국 작품을 통해 신에 대한 절대적 복종 속에서 어떻게 괴테 자신이 두 가지 세계—괴테가 속한 세계와 저 멀리 유럽의 바이마르와 전혀 동떨어진 곳에 사는 이슬람 신도들의 세계—사이에서 동요하고 있는지를 발견하게 되었다고 말합니다. 1820년대를 거치며 괴테의 이러한 생각들은 다음과 같은 확신으로 향하게 됩니다. 민족 문학의 자리는 괴테가 세계문학Weltliteratur이라 부른 것, 즉 모두 다 함께 장엄한 교향곡을 구성하는 세계의 모든 문학이라는 보편적 개념으로 대체되었다고 말입니다.

많은 현대의 학자들은—저를 포함해서—괴테의 웅장한 유토피아적 비전이 이후 비교문학 분야의 기틀이 되었다고 평가합니다.

그 근본적이면서도 실현 불가능한 원칙은 경계와 언어를 넘어서는 세계 문학적 생산의 거대한 종합, 개별성과 구성 요소들의 역사적 구체성을 지우지 않는 방식으로 이루어지는 종합입니다. 1951년 아우어바흐는 다소 비관적인 어조를 담아 「문헌학과 세계문학」Philology and Weltliteratur이라는 제목으로 초로에 접어든 숙고의 글을 씁니다. 제2차 세계대전 이후 더 거대해진 지식과 기술의 전문화, 그가 교육받아온 전문 교육기관의 소멸, "새로운" 비-유럽 문학과 언어의 출현으로 인해 괴테적 이상이 유효하지 않거나 유지될 수 없을지 모른다고 느꼈기 때문입니다. 그러나 로망스어 학자로서 작업해온 대부분의 세월 동안, 그는 사명을 지니고 있었습니다. 유럽적인 (그리고 유럽 중심주의적인) 사명이었던 것은 사실이나, 그는 그 사명 속에서 인간 역사의 단일성을 믿었고, 근대 문화와 민족/국가주의의 호전성에도 불구하고 해롭고 또는 적대적일지 모르는 타자를 이해할 수 있는 가능성을 믿었으며, 자신의 관점이 지닌 한계와 지식의 불충분함을 건강하게 인식하고서 멀리 떨어진 저자의, 그리고 먼 역사적 시대의 내적 삶 안으로 들어가도록 하는 낙관주의를 가슴 깊이 믿었습니다.

그러나 1933년 이후, 이러한 고귀한 의도도 그의 이력을 보장해주지는 못했습니다. 1935년 그는 마르부르크의 교수 자리를 그만두도록 강요받고, 불관용과 증오로 뒤덮혀 가열되고 있던 맹목적 애국주의 색채를 띤 대중문화와 나치 인종법의 희생양이 되고 맙니다. 몇 달 후 아우어바흐는 몇 년 전 레오 스피처가 가르쳤던 이스탄불 국립대학에서 로망스어 문학을 가르쳐달라는 제안을 받습니다. 아우어바흐가 『미메시스』의 결론을 통해 우리에게 알려주듯, 이스탄불에 있었던 이 기간 동안 그는 책을 쓰고 완성했으며, 전쟁이 끝난 뒤 1년 후 스위스에서 출판되었습니다. 이 책이 많은 면에서 다양성과 역동성을 갖춘 유럽 문학의 통일성과 위엄에 관한 온화한 확언이지만, 동시에 반대적 흐름, 아이러니, 나아가 모순에 관한 책이기도 합니다. 이 책을 적절히 읽고 이해하기 위해서는 후자의 측면을 고려할 필요가 있습니다. 이 책이 특정성들, 세부사항들, 개별성들에 정성스레 주의를 기울이는 것은 『미메시스』가 본래 독자가 편하게 쓸 수 있는 개념—이 개념들은 르네상스, 바로크, 낭만주의나 양식적 명칭에서 보듯 정확하지 않으며, 비과학적일 뿐 아니라 궁극적으로 쓸모가 없지요—을 제공하는 책이 아니기 때문입니다. 아우어바흐는 이렇게 말합니다.

> 문헌학자로서 우리의 정확성은 특정성과 관계된다. 지난 두 세기에
> 걸친 역사적 예술의 진보는 새로운 재료를 개시하는 것 이외에
> 무엇보다 개별 연구 방법의 훌륭한 세공, 판단을 위한 관점 구성에
> 있다. 이는 다양한 시대와 문화에 각각의 전제와 관점을 부여할 수
> 있도록 하며, 이 발견을 위해 최대한 분투할 수 있도록 하며, 외부의
> 현상을 절대적으로 평가하는 것을 비역사적이고 아마추어적인
> 것으로 여겨 소거시키도록 한다. (Auerbach, 15~16)

그러므로 가공할 만한 학식과 권위에도 불구하고 『미메시스』는 한편으로 사적인 책입니다. 규율이 잡혀 있으나 독재적이거나 현학적이지 않지요. 다음과 같은 점을 우선 생각해봅시다. 『미메시스』가 유독 철저한 교육의 산물이고 비할 데 없는 영성에 잠겨 있으며 유럽문화에 정통하지만,

이 책은 자신의 뿌리와 본토에서 고립된 한 독일인 망명자가 쓴 책입니다. 그러나 아우어바흐가 자신이 받은 프로이센 교육에 대해 가졌던, 언제나 독일로 돌아가기를 고대한다는 감정에 보였던 그 충의가 흔들렸던 것 같지는 않습니다. 그는 1921년 "나는 프로이센 사람이며 유대교적 믿음이 있다"라고 썼으며, 이후의 디아스포라 경험에서도 자신이 진정 어디에 속해 있는가에 대해 의심했던 것 같지는 않습니다. 아우어바흐의 미국인 친구와 동료들은 그가 마지막으로 병을 얻어 숨지던 1957년까지 독일로 돌아갈 방도를 찾고 있었다고 전해줍니다. 그럼에도 그는 이스탄불 체류가 끝난 이후 미국에서 새로운 전후戰後의 이력을 시작하게 됐고, 프린스턴의 고등학술 연구소를 거쳐 펜실베이니아 주립대학의 교수로 일하다 1956년 예일 대학의 로망스어학 스털링 교수Sterling Professor*로 가게 됩니다.

아우어바흐의 유대인성jewishness에 대해서는 오직 추측할 수 있을

뿐입니다. 왜냐하면 그는 『미메시스』에서 특유의 과묵한 방식으로 이에 대해 직접적으로 언급하고 있지는 않기 때문입니다. 예컨대 이 책에서 아우어바흐가 대중 근대성mass modernity에 대해, 이것이 누구보다 19세기 프랑스 리얼리즘 작가들(공쿠르, 발자크, 플로베르)의 파괴적 힘과 갖는 관계에 대해, 그리고 대중 근대성이 야기한 "거대한 위기"에 대해 다양한 방식으로 간헐적인 언급을 하는 것을 보면, 이러한 언급들도 위협적인 세계의 존재와 이 위협적 세계가 어떻게 현실과 더불어 결과적으로 문체(예수라는 인물로 인한 겸손한 말sermo humilis의 발달)를 변화시키는가를 암시하는 것으로 보입니다. 아우어바흐가 고대 사회에서 기독교의 출현은 기독교로 개종한 디아스포라 유대인인 사도 바울의 경이로운 선교 활동의 산물이라 기술할 때 복합적으로 내비치는 자부심과 거리감을 감지하기란 어렵지 않습니다. 비-기독교인으로서 기독교의 성취에 대해 설명하고 있는 아우어바흐의 상황과 유사하다는 점은 분명하지만, 그렇게 함으로써 그가 자신의 뿌리에서 더 벗어난다는 점 역시 아이러니입니다. 그러나 무엇보다 아우어바흐가 기독교인이자 토마스 아퀴나스 신봉자인 시인 단테―『미메시스』의 장마다 서구 문학의 근본인 인물로 등장하는―를 불 타는 듯 강렬하고 이상하리만치 친근하게 묘사할 때 독자는 어쩔 수 없이 이슬람 국가 터키라는 비-유럽의 망명자인 프로이센 출신 유대인 학자의 역설에 마주하게 됩니다. 서로 적대감을 표출하기보다는 서로에게 인자하라고 주문하면서도 끝나지 않는 대립, 격렬하면서도 화해 불가능한 이율배반을 다루고 있는(아마도 곡예를 하며)

---

* 예일 대학이 최고의 수훈 교수에게 부여하는 교수직이다. 1864년 10만 달러를 대학에 기부한 존 윌리엄 스털링의 이름을 따 만들어졌다.

아우어바흐의 역설을 발견하게 되는 것입니다. 아우어바흐는 역사의 역동적인 변형과 깊은 퇴적작용을 굳건하게 믿는 사람입니다. 그렇습니다. 유대교가 바울을 통해 기독교를 낳았지만 유대교는 여전히 남아 있으며 기독교와는 다르게 남아 있습니다. 『미메시스』의 애수에 젖은 구절에서 아우어바흐가 말하듯, 집합적 열정은 로마 시대든 민족사회주의 아래서든 동일하게 남아 있을 것입니다. 비극적이면서도 희망적인 인문학적 사명의 진정성을 분명히 보여주는 인생 황혼기의 이 숙고들은 가슴 뭉클합니다. 이 부분에 대해서는 다시 말씀드리도록 하지요.

저는 『미메시스』의 좀 더 사적이라 할 측면을 부각하는 건 꽤 적절하다고 생각합니다. 왜냐하면 여러 가지 면에서 이 책은 비관습적인 책으로 읽히며 또 그래야만 하기 때문입니다. 물론 중대한 책으로서 『미메시스』는 명백한 무게를 가지고 있으나, 제가 앞서 말씀드렸듯 틀에 박힌 책은 결코 아닙니다. 서구 문학의 문학적 문체를 다룬다는 중심 주제가 상대적으로 소박하기는 하지만 말이죠. 상급의 문체는 비극적으로 다뤄질 수 있는 귀족과 신들을 위한 것이었고 하급의 문체는 대개 희극이나 현세적 주제, 또는 전원시적인 주제를 위한 것이었지만, 적절한 문체로 재현될 수 있는 대상으로서 일상적 인간 또는 세속적 삶이라는 관념이 일반적으로 통용된 때는 기독교 이후라고 아우어바흐는 말합니다. 예를 들어 탁월한 역사학자였지만 타키투스는 일상에 대해 말하거나 이를 재현하는 데에는 조금의 관심도 없었습니다. 너무 유명해 여러 선집에 자주 수록된 『미메시스』의 첫 장에서 말한 대로 호메로스로 거슬러 올라가보면 문체는 병렬*을 이룹니다. 말하자면 문체는 현실을 일종의 선으로 다룹니다. 그 선은 "구체화되고 균등하게 조명되었으며 시간과 장소가 일정하게 명시되어 있으며 늘상 전경前景 속에서 아무런 틈서리도 없이 연결[전문적으로 말하면, 이것이 병렬이다.

단어와 구절이 서로에게 종속되기보다는 연이어 나열되는 것이다]되어 있는 현상들이 있다. 생각과 감정은 완전히 표현되어 있으며 사건은 서스펜스 없이 느릿느릿 일어난나."(11; I 21) 그렇기 때문에 오디세우스의 이타카 귀환을 분석하면서 오디세우스의 인사, 그의 발을 씻기던 늙은 유모 에우리클레아가 어릴 적 상처를 보고 그를 알아보게 되는 경위 등을 호메로스가 어떻게 평이하게 이야기해나가는지 짐작할 수 있습니다. 과거와 현재는 같은 지반 위에 있고 어떠한 긴장도 없으며 감추어진 건 아무것도 없다는 인상을 받게 됩니다. 비록 귀찮게 따라붙으며 남의 일에 나서는 페넬로페의 구혼자들이 그녀의 돌아온 남편을 죽이려고 기다리고 있다는 이 일화의 내적 불안정성이 있음에도 말입니다.

반면, 아우어바흐는 『구약』의 아브라함과 이삭 이야기를 유려하게 다루면서 이렇게 말합니다.

> 막연한 것, 불확실한 것, 숨을 죽이는 것을 관통하는 고요한 진행과 같다. … 압도적인 서스펜스가 현존하고 있다. … 구약의 얘기 속에서도 사람들은 대화를 한다. 그러나 그들의 대화는 호메로스의 작품에서처럼 생각을 분명하게 밝히고 구체화하는 데 기여하지 않는다. 도리어 표현되지 않은 생각을 암시하는 것이다. … 이야기narrative의 목적을 위해서 필요한 현상만이 구체화되어 있고 다른 모든 것은 어둠 속에 묻혀 있다. 이야기의 결정적인 순간만이 강조되어 있고 그 사이에는 아무것도 없는 것이나 진배없다. 시간과 장소는 명시되어 있지 않고 해석을 필요로 한다. 생각과 감정은

---

* paratactic: 단어나 절, 구 등이 접속사 없이 나열되는 문장을 말한다.

드러나 있지 않으며 침묵과 단편적인 대화에 의해서 암시되어
있을 뿐이다. 몹시 긴박한 서스펜스로 차 있고, 단일한 목표(그리고
그러한 한에서 훨씬 통일적인)를 지향하고 있는 전체는 불가사의하고
"배경背景을 내포하고" 있다.(11; I 21~22)

나아가 이러한 대비는 인간을 재현하는 데에서도 찾아볼 수 있습니다.
호메로스의 영웅들은 "매일 아침이 마치 그들 삶의 첫 날인 듯 일어나는
이들"인 반면 신을 포함한 구약의 인물들은 시간, 공간, 의식의 깊이
속으로, 그러므로 인물 속으로 확장해 들어가는 암시로 가득 차
있기 때문에 독자에게 더 집중적이고 강렬하게 주의를 기울일 것을
요구합니다.

비평가로서 아우어바흐가 지닌 매력의 상당한 부분은 그가
고압적이거나 현학적이지 않으면서 탐구와 발견, 기쁨과 불확실성을
겸손하게 독자와 나누는 감각을 발산한다는 점에 있습니다.
아우어바흐보다 어린 예일 동료였던 넬슨 로우리 주니어가 남긴
아우어바흐 작업의 자가-교육적인 특징에 관한 적절한 언급은 기억할
만합니다.

그는 자기 자신에게 최고의 선생이자 학생이다. 이 과정은 한
사람의 머릿속에서 진행되며, 그는 이 과정의 원시적인 극적 전개를
재연하는 정도까지 이 과정을 공공연히 의식할 수 있게 된다. 핵심은
당신이 어떻게 이르게 되는가이다. 어떠한 위험과 실수, 뜻밖의
만남을 통해, 깜빡 졸거나 잊는 사이에, 시간과 열정을 엄청나게
투자해 얻은 직관을 통해, 역사와 대면해 어렵게 얻은 정식들로 …
아우어바흐는 어려워하지 않고 하나의 텍스트로 시작해 소박함으로

통하는 신선함으로 그것을 설명하며, 단순한 주제적 또는 자의적 연결을 거치지 않고 하나의 베틀로 풍부한 직물을 짜낼 수 있는 능력을 가졌던 것이다.(Lowry, 318)

그러나 1953년 『에필레고메논』이 보여준 것처럼 아우어바흐는 자신의 주장에 반박하는 비평들에 단호했습니다. (비록 흉포하지는 않았지만) 특별히 신랄했던 교전은 박학다식한 동료 로망스어학자 에른스트 로베르트 쿠르티우스와 있었는데요, 만만치 않은 두 학자가 다소 호전적으로 끝까지 맹렬히 싸우는 모습을 보여주었죠.

저는 비코처럼 아우어바흐 역시 실상은 독학자라고 말하는 것이 과장은 아니라고 생각합니다. 자신의 다양한 탐구 속에서 깊이 사유된 복잡한 주제 한 움큼이 그를 이끌며, 그는 이 주제를 가지고 고르지도 않고 손쉽지도 않은 풍부한 직물을 짭니다. 『미메시스』에서 그는 서로 분리된 조각들로 써내려가는 걸 단호하게 고수합니다. 책의 각 장은 그 이전의 조각과 뚜렷한 관계가 없는 새로운 저자로 시작할 뿐 아니라 저자의 관점이나 문체상의 견해라는 측면에서도 새로운 포문을 엽니다. 아우어바흐가 말하는 현실의 "재현"은 어떻게 각각의 저자들이 인물들을 실감나게 묘사하며 그들을 삶으로 데려오는가, 어떻게 그 또는 그녀의 세계를 명확히 하는가를 적극적이고 극적으로 제시하는 것을 의미합니다. 이는 우리가 이 책을 읽으면서 왜 폭로의 감각에 압도당하는가를 설명해줍니다. 이 폭로의 감각은 아우어바흐가 겸손한 방식으로 실감나게 재묘사하고 해석하며, 심지어 거친 현실을 언어와 새로운 삶으로 변형하는 것을 연출해 보이기까지 하면서 우리에게 제시하는 것입니다.

첫 번째 장에서 한 가지 핵심 주제가 일찌감치 등장합니다. 기독교의

중심 관념인 성육신 개념입니다. 아우어바흐는 서구 문학에 나타난
성육신의 전사前史를 호메로스와 구약의 대립 속에서 독창적으로
살펴봅니다. 호메로스의 오디세우스는 직접적으로 존재하며 해석도
필요없고, 알레고리나 복잡한 설명에 의지할 필요도 없습니다. 이와
완전히 반대되는 건 "교리와 약속"의 화신이며 그것들에 몰두해 있는
아브라함이라는 인물입니다. 교리와 약속은 그로부터 "떼어놓을 수
없고", "바로 그렇기 때문에 이야기들은 '배경'을 내포하고 있으며
불가사의하고 제2의 숨은 의미를 지니고 있다"(15: 26)는 것이지요. 이 두
번째의 의미는 오직 특정한 해석 행위를 통해서만 밝혀질 수 있으며,
이에 대해 아우어바흐는 1946년 『미메시스』를 출판하기 전 이스탄불에서
쓴 주저에서 형상적 해석figural interpretation이라 불렀습니다. (저는 여기서
아우어바흐의 길고 다소 기술적인 글인 「형상」Figura을 언급하고 있습니다. 1944년에
출판되었고 지금은 『유럽 문학 극적 사건의 몇몇 장면들』에 실려 있지요.)

    여기가 바로 아우어바흐가 유대인과 유럽인(그러므로 기독교인)
사이에서 자신의 정체성을 이루는 요소들을 저울질하고 있는 듯 보이는
또 다른 지점입니다. 기본적으로 형상적 해석은 테르툴리아누스나
아우구스티누스 같은 초기 기독교 사상가들이 『신약』과 『구약』을
융화시켜야 한다는 강박을 느끼게 되면서 발전했습니다. 성서의 두
부분은 모두 신의 말씀이지만, 유대 민족의 율법과 기독교적 성육신
이후의 새로운 전언 사이에 존재하는 꽤나 상당한 차이를 고려할 때
이 둘은 과연 어떻게 연관되며 이 둘을 어떻게, 말하자면, 같이 읽을 수
있을까요?

    아우어바흐가 제시하는 해결책은 『구약』이 예언적으로 『신약』을
미리 예시한다는 것입니다. 그러니 『신약』은 순서상 『구약』의 형상적,
그가 덧붙인 바에 따르면, 인간적(그러므로 육화된, 진정한, 세속적인) 실현

또는 해석으로 읽힐 수 있습니다. 최초의 사건 또는 형상은 "실제이며 역사적인 그 무엇을 공표하는 실제적이고 역사적인 것"입니다. 마침내 우리는 해석 그 자체처럼 어떻게 역사가 더 위대한 리얼리즘, 더 실체적인 "밀도"thickness(최근의 인류학적 기술 용어를 쓰자면), 고도의 진실을 성취해냈던 시대들 사이에서 요동치면서 앞으로 나아갈 뿐 아니라 뒤로도 움직여 가는지를 보게 됩니다.

    기독교의 중심 교리는 불가사의한 로고스의 교리입니다. 육화된 말씀, 인간이 된 신, 그러므로 말 그대로 육화된 신이라는 거죠. 그러나 기독교 이전 시대가 실제로 나타날 형상figura의 흔적으로 읽힐 수 있다는 새로운 생각은 얼마나 설득력이 있을까요? 아우어바흐는 6세기 성직자의 말을 인용합니다.

> "그 형상[비교 가능한 신약의 그 무엇을 예언하는 『구약』의 인물 또는 일화], 그것 없이는 구약의 한 글자도 존재할 수 없으며 마침내 그 모든 것을 견뎌 신약에서 큰 뜻을 이루는." 그리고 거의 동시에 [아우어바흐는 계속 이어갑니다] 비엔나의 주교 아비토가 쓴 글의 한 구절 … 에서 그는 최후의 심판에 대해 말한다. 신이 이집트의 장자를 죽이는 가운데 피로 범벅이 된 집을 용서했던 것처럼, 신은 또한 성체의 상징을 통해 신자들을 인정하고 용서하기를. "구원되어야 할 사람들 가운데에서 너 자신의 형상을 인식해라"tu cognosce tuam salvanda in plebe figuram.(46~47)

형상의 최종적이면서 꽤 까다로운 측면을 지적해 볼 필요가 있습니다. 아우어바흐는 형상이라는 바로 이 개념이 기독교도 저자에게 문자적-역사적 차원과 진리의 세계인 베리타스veritas 사이의 중간으로

기능한다고 주장합니다. 그러므로 형상은 과거의 일화나 인물에 활기
없는 의미를 부여하는 것이 아니라, 두 번째이자 좀 더 흥미로운 의미를
전달하는 지적이고 영적인 에너지입니다. 해석에서 본질적이라 할
수 있는 과거와 현재, 역사와 기독교적 진리 사이의 실제적 연결을
담당하죠. "이러한 연결 속에서," 아우어바흐의 주장에 따르면,
"형상figura은 성령spiritus 또는 영적 지성intellectus spiritalis과 대체적으로
상응하며, 때때로 형상성figuralitus으로 대체되기도 합니다."(47) 그러므로
아우어바흐가 제시하는 주장이 복합적이고 이를 뒷받침하는 불가사의한
증거들이 세심하기는 하지만, 그가 우리를 이끄는 곳은 다시금 신자들을
위한 본질적인 기독교 교리의 핵심이며, 동시에 인간의 지력과 의지의
결정적인 구성요소라고 저는 생각합니다. 이러한 점에서 그는 인간 역사
전체를 조망하면서 "정신이 이 모든 것을 만들었다"고 한 비코를 따르고
있습니다. 이 확언은 신적인 것을 믿는 종교적 차원을 대담하게 재확인할
뿐 아니라 어느 정도로는 무효화합니다.

    기독교 상징주의와 교리에 대한 뛰어난 학식과 예민한 관심, 그리고
결연한 세속주의(아마도 자신의 유대교적 배경 역시), 이 세상의 것과 역사적인
것, 세속적인 것에 대한 흔들림 없는 집중 사이에서 아우어바흐가 가졌던
동요는 『미메시스』를 매우 풍요로운 내적 긴장을 가진 책으로 만들고
있습니다. 『미메시스』는 분명 기독교가 문학적 재현에 끼친 천년왕국적
영향을 논하는 가장 뛰어난 책입니다. 그러나 또한 이 책은 단테, 라블레,
셰익스피어의 탁월한 언어적 기량을 논하면서 남다른 기백과 개인적
재능을 공공연하달 정도로 고무하는 동시에 찬양합니다. 우리가 곧
살펴볼, 이들의 창의성은 인간을 현재적이며 영원한 위치에 자리매김하기
위해 신의 창의성과 겨루고 있습니다. 아우어바흐는 대체적으로 이러한
주제들을 그가 전개하는 해석적 탐구의 필수적 부분 가운데 하나로

표현합니다. 그러므로 이러한 주제를 방법론적으로 설명하느라 시간을 보내기보다는 이 주제가 무르익어 영역을 갖추기 시작할 때 현실의 재현이라는 역사 자체에서 드러나도록 합니다. 분석을 위해(이에 대해서는 이후에 쓴 글에서 아우어바흐가 단초 Ansatzpunkt로 언급하며 논하고 있죠) 아우어바흐는 언제나 텍스트와 더불어 저자가 현실을 재현하기 위해 사용하는 문체적 도구로 돌아온다는 점을 명심합시다. 의미론적 뜻을 이러한 방식으로 다루는 것은, 「형상」 논문과 "궁정과 도시" la cour et la ville―17세기 프랑스 사회와 문화를 조명하는 의미 전반을 내포하고 있지요―같은 짧은 구절을 풍부하게 검토하는 재기 넘치는 짧은 연구에서 달인의 경지로 드러납니다.

『미메시스』가 그리는 궤적의 세 가지의 근본적인 국면을 좀 더 자세하게 살펴보도록 하겠습니다. 첫 번째는 로마의 페트로니우스의 글로 시작하고 이어 타키투스의 글이 등장하는 2장 "포르투나타" Fortunata, 運에서 찾아볼 수 있습니다. 이 두 저자는 모두 한 가지로 치우친 관점에서 자신들의 주제를 다룹니다. 상층과 하층계급으로 나뉜 고정된 사회질서를 유지하는 데에 작가적 관심을 두지요. 부유하고 중요한 명사들은 모든 관심의 대상이 되지만, 평민이나 서민들은 사소하거나 이름 없는 위치로 밀려납니다. 아우어바흐는 상급과 하급의 문체로 나누는 이런 고전적 분리가 갖는 부적절함을 밝힌 뒤, 마가복음의 고통스러운 밤의 순간, 노예 소녀들과 군인들로 가득한 대사제의 관저 앞마당에 서서 시몬 베드로가 감금된 예수와의 관계를 부정하는 순간과 훌륭하게 대조합니다. 『미메시스』에서 특히 감동적인 이 부분은 인용할 가치가 있습니다.

얼핏 보아도 여기에 문체의 분리 규칙이 적용될 수 없다는

것은 분명하다. 장소나 등장인물의 면에서 완전히 사실적인 이
사건은―인물들의 사회신분의 낮음에 주의하라―문제와 비극으로
차 있다. 병졸 비불레누스나 페르켄니우스는 순전히 악당이고
사기꾼으로 묘사되었지만, 베드로[타키투스의 글에서]는 이들처럼
예증illustratio을 위한 부차적인 인물이 아니다. 그는 가장 높고
깊고 비극적인 의미에서 인간의 전형을 대표한다. 물론 문체의
혼합은 예술적 의도로 사용된 것이 아니다. 이와 반대로 그것은
유대교·기독교 문학의 성격 속에 뿌리내리고 있는 것이었다. 신이
가장 미천한 신분의 인간 가운데 육신을 얻어 태어나고 미천한
일상적 인간들 사이에 살며 세간적인 기준으로 볼 때 욕스러운
것이라고 해야 할 수난을 겪고 하는 사연 속에 그것은 생생하고
거칠게 극화되어 있다. … 이것은 인간의 비극·숭고관에 대하여
결정적인 의미를 갖는 것이 되었다. 위의 이야기는 베드로의 말이
기초가 된 것으로 생각할 수 있는데, 베드로는 가장 미천한 배경과
교육을 가진 갈릴리의 고기잡이였다. … 일상생활의 가장 진부한
삶으로부터 베드로는 가장 엄청난 역할을 맡으라는 부름을 받는다.
예수의 체포에 관련된 모든 것이 그렇듯이, 그의 무대등장은―
로마제국의 세계사적 연속이라는 관점에서 볼 때―지방적인 삽화,
직접 관련된 몇몇 사람 이외에는 아무도 주의하지 않는, 중요성이
없는 작은 사건에 불과하다. 그러나 이 사건은 갈릴리 바다의
고기잡이들의 인생에 관련시켜 볼 때 얼마나 엄청난 일인가.(41~42; I
54~55)

이어 아우어바흐는 느긋하게 베드로의 영혼 속에 자리잡은 숭고와 불안 사이, 믿음과 회의 사이, 용기와 패배 사이의 "망설임" 또는 동요에 대해

상세히 다룹니다. 이러한 경험들이 근본적으로 "고전적인 고대 문학의 숭고한 문체"와 양립할 수 없다는 것을 보여주기 위해서이죠. 이는 고전 문학에서 그저 소극이나 희극에서 등장했던 이러한 구절이 왜 우리의 마음을 움직이는지에 관한 질문을 여전히 남깁니다. "그것은 이 이야기가 고대의 시인이나 역사가가 그릴 생각을 하지 않았던 어떤 것을 묘사하고 있기 때문이다. 그것은 일반 민중의 발바닥에서 정신운동이 태어나는 것, 당대적 삶의 일상 한복판으로부터 정신운동이 탄생하는 것을 그린다. 그리하여 그것은 고대문학에서 가질 수 없었던 중요성을 갖는다. 우리가 여기에서 보는 것은 '새 마음과 새 정신'의 깨어남이다. 이 모든 것은 베드로의 부인에만 해당되는 것이 아니라 신약성서에 이야기되어 있는 모든 사건에 해당한다."(42~43; I 56) 여기서 아우어바흐가 우리에게 열어 보여주는 것은 한편으로는 전적으로 현실적이고 평범하며 장소, 시간, 상황이 구분 가능한 세계이면서, 다른 한편으로는 "밑바닥에서부터 흔들리기 시작하고 당장에 새로운 것이 되는 그러한 세계"(43; I 57)입니다.

  기독교는 예수의 삶이 숭고함과 일상의 분리를 없앴던 것처럼 상급과 하급 문체 사이의 고전적 균형을 무너뜨렸습니다. 그 결과로 작가와 독자 사이의 새로운 문학적 협정, 문체와 해석 사이의 새로운 종합과 뒤섞임이 생겨났습니다. 예수 그리스도의 역사적 현존이 연 거대한 흐름 속에서 불안하게 변동하는 세속적 사건에 적합한 변화였죠. 이 때문에 성 아우구스티누스의 거대한 성취는, 비록 그가 교육을 통해 고전적 세계와 관련을 맺고 있었음에도 불구하고, 고전적 유산이 겸손한 말sermo humilis*—"저속한 문체로 오직 희극에나 적용할 수 있는 것이지만, 이제 그 본래의 영역을 벗어나서 가장 심오하고 드높은 것, 숭고하고 영원한 것에까지 침범해 들어간다"(72)—을 요구하는 새롭고 다른 세계에 자리를 내주었다는 사실을 처음으로 깨달은 것입니다. 전임자에게 완전한 승리를 거둔 새로운 형상적 섭리 안에서 어떻게 인간 역사의 담론적·연속적 사건들을 서로 관련지을 것인가, 로마 제국이 붕괴하고 라틴어가 더 이상 유럽의 세계어 lingua franca 가 아닌 상황에서 이러한 과제에 적합한 언어를 어떻게 찾을 것인가가 이제 문제로 떠오릅니다.

   서구 문학사에서 두 번째 근본적인 계기를 나타내기 위해 단테를 택한 아우어바흐의 선택은 더할 나위 없이 적절해 보입니다. 『미메시스』의 8장인 "파리나타와 카발칸테" Farinata and Cavalcante 를 천천히 숙고하며 읽어보십시오. 이 글은 근대 비평 문학의 가장 위대한 순간 가운데 하나이자 단테에 대한 아우어바흐 고유의 생각, 즉 『신곡』은 단테의 천재성으로 영원한 것과 역사적인 것을 결합했으며 단테의 민중적(또는 통속적) 이탈리아어 사용이 어떤 의미에서는 우리가 문학이라 부르는 것의 창조를 가능하게 했다는 생각이 대가다운 솜씨를 거쳐 거의 현기증이 날 정도로 구현되어 있지요. 저는 「지옥편」의 10편에서 가져온 구절에 대한 아우어바흐의 분석을 요약하려 애쓰지는 않을 생각입니다. 순례자인 단테와 그의 안내자 베르길리우스에게 단테와 알고 지냈던 두 명의 피렌체인들이 다가오지요. 이 둘은 지금 지옥에 떨어져 있으며, 겔프당과 기벨린당*사이의 피비린내 나는 싸움은 사후세계까지 연장되어 있습니다. 독자들은 이 눈부신 분석을 직접 읽어봐야만 합니다. 아우어바흐는 자신이 초점을 맞춘 70행이 굉장히 압축적이고 분리된 네 가지 장면을 포함하고 있을 뿐 아니라 『미메시스』에서 지금껏 논의된 어떤 작품보다도 다양한 소재를 가지고 있다고 말합니다. 이 시 속에서 단테가 사용한 이탈리아어가—아우어바흐가 강하게 단언하는 바에 따르면—"세계를 새롭게 발견"하기 위해 시인이 사용한 "거의 무한한 신비"라는 구절은 독자들을 완전히 압도합니다.(182~83; I 200)

   무엇보다 "고대의 관점에서는 기괴하달 수밖에 없는 숭고함과 평범함"의 언어적 조합이 있습니다. 그리고 이 조합의 거대한 기운, 괴테에 따르면 "그 불쾌하고 때로는 혐오감을 주는 위대함"이 존재합니다. 이렇게 시인이 토속어vernacular를 사용하면서 나타내고자 하는 것은 "고대의 전통과 … 기독교적 전통 … 이라는 두 가지 전통의 대치이다. … 고대적인 것을 추구하면서 동시에 다른 것을 포기하기를 원치 않았던 까닭에 두 가지 모두 새삼스럽게 의식하게 된 단테의 강한 성품에서처럼 뚜렷해지는 사례를 찾아볼 수 없다. 그리하여 다른 어느 곳에서도 문체의 혼합이 단테처럼 문체 파괴에 가까워지는 예를 찾아볼 수 없다."(184~85; I 202) 그리고 여기에는 소재와 문체의 풍부함이 있습니다. 단테의 주장 속에서 다뤄진 이 모든 것은 "사람들의 평범한 일상 언어"(186; I 203)였으며, 이것들이 고전적인 것·성서적인 것·일상적인 세계의 묘사를 낳은 리얼리즘을 가능하게 했습니다. 이것들은 "하나의 사건 속에 움직이는 것이 아니라 다양한 사건이 여러 높이의 음조 속에 연달아 표현"(189; I 207)됩니다. 그리고 마침내 단테는 자신의 문체 속에서 과거와 현재, 미래의 조합을 이뤄내기에 이릅니다. 불타는 무덤에서 나와 단테에게 불쑥 다가와 말을 걸었던 두 명의 피렌체인들은 실은 죽은 이들이나, 헤겔이 "불변의 현존"changeless existence이라 부른 것 안에서는 역사나 기억, 사실성이 심히 결여되지 않고서 살아있는 듯 보입니다. 저주 받은 왕국 안에서 죄로 인해 심판 받고 불타는 상자 안에 놓인

---

* 『미메시스』 한국어판에서는 '겸허 문체'로 번역되어 있다. 하지만 같은 페이지 바로 위에 sermo piscatorius(직역하면 어부의 말, 즉 **예수**의 말)이 나오므로 일관성을 위해 그리고 sermo가 문체보다는 대화, 말, 연설에 가까우므로 '겸손한 말로 옮겼다.
* 13~14세기경 이탈리아는 겔프당(교황당)과 기벨린당(황제당)으로 나뉘어 반목했다. 경제력이 교황청 재정에 결부되어 있던 부유한 상인 계층은 겔프당에 속했고, 봉건귀족층은 신성로마제국의 권위에 따라 기벨린당에 속했다.

파리나타와 카발칸테가 나타나는 순간 우리는, "현세를 떠나, 영원한 장소에 있다. 그러나 여기에서 우리는 구체적인 현상과 구체적 사건을 보게 된다. 이것은 지상에서 나타나고 일어나는 일과는 다른 일이다. 그러면서도 이것은 지상의 일과 필연적이며 결정적 관계 속에 있는 것으로 보인다."(191; I 209)

결과는 [단테의 문체와 비전의] "엄청난 집중"입니다. "영원성 속에서 어마어마한 크기로 고정된, 변함없이 강한 개체적 특성의 모습이 지상의 생에서는 가능하지 않았을 순수성과 뚜렷함으로 드러남을 목도한다."(192; I 210) 아우어바흐를 매료시킨 것은 단테의 시 안에 자리잡은 고조되는 긴장입니다. 영원한 유죄판결을 받은 죄인들이 신의 판결에 의해 자신들에게 할당된 장소에 자신들의 상황을 몰아붙여 야망을 실현하려고 열망하는 가운데 빚어지는 긴장 말입니다. 이로써 헛됨과 숭고함이라는 감각이 지옥의 "지상적 역사성"earthly historicty과 동시에 배어나오게 되고, 이는 결국 「천국편」의 휜장미*로 어김없이 향하게 되지요. "피안은 영원하면서도 현상적인 것으로 … 그것은 변화 없이 언제나 똑같으면서도 역사로 가득 차 있는"(197; I 216) 것입니다. 따라서 아우어바흐에게 단테의 위대한 시는 형상적 접근을 예증합니다. 현재에 실현된 과거, 영원한 구원처럼 행위할 뿐 아니라 그것을 예시하는 현재, 이 모두를 순례자 단테는 목격합니다. 단테의 예술적 재능은 인간의 드라마를 신적인 것의 면면으로 압축해냅니다.

단테에 관한 아우어바흐의 글이 보여주는 세련됨은 진정으로 독해를 한껏 고무시킵니다. 그의 복합적이면서도 역설로 가득한 직관은 물론이고 마지막으로 갈수록 이 직관들이 니체적 대담함을 품고서 정상적인 것 너머, 또는 그와 같은 맥락에서 신적으로 정해진 한계마저도 뛰어넘으면서, 말해질 수 없는 것과 표현할 수 없는 것에 과감히 도전하기 때문입니다. 아우어바흐는 단테적 우주(아퀴나스의 신권적 우주론이 틀 지은)의 체계적 특징을 논하면서, 『신곡』이 영원한 것과 불변의 것에 모든 집중을 기울이지만, 기본적으로 인간적인 현실을 재현하는 데 더 성공적이었다고 밝힙니다. 이 거대한 예술작품에서 "인간의 이미지는 신의 이미지에 그늘을 드리우며"(202; I 221), 세계가 체계적인 보편적 질서로 인해 일관성 있게 만들어졌다는 단테의 기독교적 확신에도 불구하고 "역사적이며 개인적인 인간 전체의 파괴될 수 없는 속성이 하느님의 질서 자체를 거스르게 된다. 그것은 이 질서가 스스로에게 봉사하도록 하고 질서의 명성을 무색하게 한다"(202; I 221)는 것입니다. 아우어바흐의 위대한 선지자인 비코는 인간 정신이 신성을 만들었다는, 그 반대가 아니라, 생각을 가지고 있었습니다. 하지만 18세기 나폴리 교회의 영향권 아래 살았던 비코는 인간의 창의성이나 재주를 위해서가 아니라 신의 섭리를 위해 역사를 지속하는 것처럼 보이는 모든 종류의 정식 속에 자신의 도전적 제안을 감추어 두었습니다. 근본적으로 인문주의적인 주제를 진척시키기 위해 단테를 고른 아우어바흐의 선택은 기독교적 서사시의 리얼리즘에 의해 초월된 단계인 (이 위대한 시인의) 가톨릭적 존재론으로 향해갑니다. "개체 발생론적"이다, 말하자면 "우리는 영원한 존재의 영역에서 인간의 내적 삶과 전개의 역사를 보도록 만들어졌다"(202; I 221)는 것이죠.

그러나 단테의 기독교적이면서 탈post기독교적인 성취는 그가 고전 문화에서 물려받은 능력, 즉 인간 형상을 분명하고 극적으로, 강력하게

---

* 「천국편」에 이르러 시인은 베아트리체와 함께하는 하늘나라로 올라간다. 천사와 흰옷 입은 성도들이 순백의 장미꽃 모양으로 앉아 있고 시인은 천상의 장미와 성모 마리아가 있는 곳으로 인도된다. 여기서 흰장미는 영원하고도 완전한 합일의 의미를 지닌다.

묘사하는 능력에 집중하지 않았다면 가능하지 않았을 것입니다. 아우어바흐가 볼 때, 단테 이후의 서구 문학은 단테를 그 표본으로 삼지만 다양성, 극적 리얼리즘, 완전한 보편성을 그만큼 강렬하게 설득해내지는 못합니다. 『미메시스』의 이어지는 장들은 단테적 규범에서 이탈하는 중세와 초기 르네상스 텍스트를 다루고 있습니다. 예컨대 조화적 전체를 희생하면서 개인적 경험을 강조하는 몽테뉴의 『수상록』*Les Essais*이나 언어 자체에 대한 관심 속에서 리얼리즘적 재현을 압도하는 언어적 활기와 풍요로움이 가득한 셰익스피어나 라블레의 작품들이죠. 팔스타프나 팡타그뤼엘 같은 인물들은 어느 정도 리얼리즘적으로 묘사되지만, 그 생생함만큼이나 독자들을 흥미롭게 하는 것은 유례없이 분방한 작가들의 문체 효과입니다. 인문주의의 출현이나 그 시대의 위대한 지리적 발견 없이는 이러한 현상이 일어날 수 없었다고 말하는 건 모순이 아닙니다. 이 둘은 모두 인간 행위의 잠재적 영역을 확장하는 결과를 가져왔을 뿐 아니라 그러한 행위를 세속적 상황 속에 지속적으로 위치지웠습니다. 예컨대 아우어바흐에 따르면 셰익스피어의 극이 예시하는 것은 "영구적으로 스스로를 직조하며 새롭게 하면서 각각의 부분들과 연결되는 세계라는 기본적 직물이다. 이 세계로부터 작품이 출현하며 이 세계는 하나의 사건 또는 하나의 문체 수준을 격리시키는 것을 불가능하게 만든다. 일반적으로 명료하게 한계 지어진 단테의 형상성—모든 것이 내세beyond 속에서, 신의 궁극적 왕국 안에서 화해되며 모든 인물들이 오직 그 내세 속에서 완전히 실현되던—은 더 이상 없다."(327; II 29)

    이러한 관점에 따르면 현실은 완전히 역사적이며, 내세와는 달리 천천히 진화하는 법칙에 따라 독해되고 이해되어야만 합니다. 형상적 해석은 그 출발점으로 신성한 언어 또는 로고스를 취하며, 그리스도의 형상이 이 로고스의 지상에서의 육화를 가능하게 합니다. 그리스도의 형상은 경험을 조직하고 역사를 이해하는 데에 중심이 되는 것이지요. 단테의 시에서 그 전조가 보인 신성의 소멸과 더불어 새로운 질서가 서서히 존재를 드러내기 시작합니다. 이제 『미메시스』의 후반부는 역사와 현실을 재현하는 다원적 관점이자 역동적이고 전체론적인 방식인 역사주의의 성장을 공들여 추적합니다. 이 주제를 다루는 아우어바흐를 상세히 인용해봅시다.

> 기본적으로 우리가 인간의 삶과 사회를 바라보는 방식은 우리가 과거의 것에 관심을 둘 때나 현재의 것에 관심을 둘 때나 똑같다. 역사를 바라보는 방식이 바뀌면 필연적으로 현재의 상황들을 바라보는 관점도 따라 바뀐다. 시대와 사회는 무엇이 절대적으로 바람직한가라는 정해진 개념으로 판단해서는 안 되며, 각각의 경우마다 각각의 전제에 따라 판단되어야 한다는 것을 사람들이 인식할 때, 그 전제 중에서 기후나 토양 같은 자연적 요소뿐 아니라 지적이고 역사적인 요소들을 사람들이 고려할 때, 다시 말해 역사적 역동과 역사적 현상의 비교 불가능성, 그리고 그 지속적인 내적 움직임에 대한 감각을 발전시키게 될 때, 개개의 시대의 생명력 있는 통일성을 이해해 그 시대가 자신의 특징을 표명하는 것 속에 반영되는 전체로서 드러나게 될 때, 마지막으로 사건의 의미가 추상적이고 일반적인 인식의 형태 속에서 포착될 수 없다는 것과 이해해야 할 자료들이 사회의 상층 계급이나 주요 정치적 사건에 국한되어서는 안 되며, 독특하고 내적인 힘에 의해 활기를 띠며 보편적으로 유효한 것을 포착할 수 있는 유일한 곳이라는 점에서 예술, 경제, 물질적이고 지적인 문화, 평범한 세계의 깊이와 세계

속의 남성과 여성도 포함해야 한다는 확신을 받아들일 때, 그렇게
되었을 때 비로소 이러한 직관들이 또한 현재적인 것으로 바뀌게
될 것이라고 기대할 수 있다. 결과적으로 현재 역시 비교불가능하며
독특한 것으로, 내적인 힘에 의해 활기를 띠며 지속적인 발전의 상태
속에 있다고 여길 수 있다. 다시 말해 현재는 역사의 한 조각으로서
여겨질 수 있는 것이다. 이 역사의 한 조각은 역사의 일상적 깊이와
전체적인 내적 구조의 기원과 발전하는 방향에 대해 관심을 가질
것을 촉구한다.(443~44; II 149~150)

아우어바흐는 문체의 분리와 뒤섞임에 대한 자신의 독창적인 생각을
잊지 않습니다. 예컨대 어떻게 프랑스 고전주의가 고대의 모델과 상급
문체의 유행으로 복귀했는지, 18세기 후반의 독일 낭만주의가 어떻게
감정과 열정의 작용으로 고전주의 규범에 적대적으로 반응하면서 이를
전복시켰는지에 관해서 이야기합니다. 그러나 드물게 신랄하게 판단을
내리기도 합니다. 19세기 초반의 독일이 작금의 현실을 덮쳐오고 있는
사회적 변화와 복잡성을 재현하는 역사주의를 이용하지 않으면서,
(마르크스라는 예외가 있기는 하지만) 미래에 대한 불안으로 이론을
외면했다는 것입니다. 독일에게 미래는 언제나 혁명이나 사회적 불안,
전통의 전복과 같은 형태를 하고 외부로부터 문화를 침범하는 것으로
여겨졌던 것이죠.

여기서 괴테가 가장 가혹하게 다뤄집니다. 우리가 알다시피
아우어바흐는 괴테의 시를 사랑하며, 더할 나위 없는 즐거움 속에서
괴테를 읽지만 말입니다. 저는 『미메시스』의 17장 ("음악가 밀러"Miller the
Musician)의 다소 비판적인 어조를 다음과 같이 이해하는 것이 너무
지나친 독해는 아니라고 생각합니다. 말하자면 격변, 심지어는 변화

자체에 대한 괴테의 혐오, 귀족적 문화에 대한 관심, 전 유럽에서 일어나고 있는 "혁명적 소요"가 근절되어야 한다는 뿌리 깊은 소망을 단호히 비판할 때 아우어바흐는 단순한 인식의 실패를 논하고 있는 것이 아니라 현재의 참사를 야기한 독일 문화 전체의 심각하게 빗나간 전환을 논의하는 것이라고 저는 생각합니다. 아우어바흐는 괴테를 너무나 많은 것을 대표하는 이로 여겼는지도 모릅니다. 그러나 만약 괴테가 현재에서 시선을 거두지 않았다면, 독일 문화를 역동적 현재로 가져가기 위해 했을 법한 일을 했더라면, 아우어바흐는 독일이 아마 "새로운 유럽과 세계의 현실 속으로" 통합되었을지 모르며, "독일은 좀 더 조용하게, 좀 더 적은 불안과 폭력을 경험하면서 통합되어 갈 수 있었을런지도 모른다"(452; II 158)고 추측하는 것입니다.

애석하면서도 실은 억제된 이 부분이 집필된 때는 1940년대 초반으로 독일이 유럽에 폭풍을 몰아쳐 앞선 모든 것들을 모조리 쓸어가던 때였습니다. 1940년 이전, 괴테 이후의 주요 독일 작가들은 지역주의regionalism와 소명으로서의 삶이라는 경탄할 만한 전통적인 개념에 빠져 있었습니다. 독일에서 리얼리즘은 일어나지 않았고, 폰타네를 제외하고는 근대적 현실을 재현하는 무게와 보편성, 종합적 힘을 가진 언어가 거의 없었다고 할 수 있습니다. 1901년 토마스 만의 『부덴브루크가 사람들』*Die Buddenbrooks*이 나오기 전까지는 없었습니다. 니체와 부르크하르트가 시대와 좀 더 가까이 호흡했으나, 이 둘 모두 "작금의 현실을 리얼리즘적으로 묘사하는 데에는 관심이"(519; II 230) 없었음은 대체로 인정되고 있지요. 끝내 민족사회주의라는 시대착오적인 정신으로 귀결된 혼돈의 부조리성에 반하여, 아우어바흐는 주로 프랑스 산문소설에 나타난 리얼리즘에서 대안을 찾았습니다. 이 소설에서 스탕달, 플로베르, 프루스트 같은 작가들은 파편화된 근대 세계―정신적 불안과 더불어 그 안에서 전개되고 있는 계급투쟁, 산업화, 경제적 팽창—를 모더니즘 소설의 특이한 구조 안에서 통합하려고 애썼습니다. 단테의 비전을 가능하게 했던 영원과 역사 사이의 조화는 이제 이러한 변화에, 파괴적이고 탈구된 역사적 근대성이라는 흐름에 완전히 압도당하게 되었지요.

따라서 『미메시스』의 마지막 몇몇 장은 이전 장들과는 다른 어조를 보이는 듯합니다. 아우어바흐는 이제 중세나 르네상스, 상대적으로 더 오래 전인 문화적 과거에 대해서가 아니라, 자신이 살고 있는 시대의 역사에 대해 논하고 있는 것이죠. 19세기 중반의 사건과 특징을 예리하게 관찰하며 서서히 전개된 프랑스의 리얼리즘(훨씬 덜 다루기는 하지만, 영국의 리얼리즘)은 추악함과 아름다움을 꾸밈없이 솔직하게 제시할 수 있는 미적인 문체를 특징으로 삼습니다. 물론 이 과정 중에 장인적-기술자인 플로베르 같은 이는 사심 없는 관찰의 윤리를 정식화하면서 사회적 격변과 혁명적 변화 속에서 급속히 변화하는 세계에 개입하려 하지는 않았습니다. 리얼리즘의 실천은 본래 하층의 삶과 인물, 나아가 부르주아적 삶과 인물에게도 관심을 두지만, 무엇이 일어나고 있는지를 볼 수 있고 재현할 수 있다면 그것으로 충분하다고 봅니다. 어떻게 이러한 생각이 기억에 기댄 프루스트의 저 장려한 풍부함으로, 버지니아 울프와 제임스 조이스의 의식의 흐름 기법으로 변화해갔는지에 대해 다루는 부분은 이 책의 후반부에서 가장 인상적인 대목 가운데 하나입니다. 물론 우리는 여기서 다시 아우어바흐가 기술하고 있는 것 자체가 재현의 한 구성요소라는 것과 문헌학자로서 그가 하는 작업이 어떻게 근대성으로부터 출현했는지를 상기할 필요가 있습니다. 그러므로 아우어바흐가 예증하는 근대적 로망스어학은 고유한 지적 정체성을 당대의 리얼리즘 문학—지역적 입장을 뛰어넘는 보편적 관점으로 독특한 유럽적 사명을 가지고서, 현실을 다루고 있는 고유한 프랑스적 성취이죠—과의 의식적인 결연을 통해 얻게 됩니다. 진화하는 문체와 관점 분석이라는 고유의 풍부한 역사가 『미메시스』의 구절구절마다 짙게 배어나오고 있습니다.

아우어바흐의 탐구가 가지는 문화적·개인적 중요성을 이해하는 데에 도움을 드리기 위해 토마스 만의 전후 소설인 『파우스트 박사』*Dr. Faustus*의 고심한 듯 보이는 복합적 서사 구조를 떠올려보고 싶습니다. 『미메시스』보다 훨씬 더 명시적인 이 책은(아우어바흐의 책 이후에 발표되었죠) 근대 독일의 재앙에 대해 이야기하면서 그것을 이해하려는 시도를 보여주고 있습니다. 예술과 정신의 극단을 탐구하기 위해 악마와 계약한 비범한 재능의 소유자인 작곡가 아드리안 레버퀸의 끔찍한 이야기는 그만한 재능을 갖지 못한 유년 시절의 친구이자 동료인 제레누스 차이트블룸에 의해 서사화됩니다. 아드리안의 무언의 음악적 영역은 그를 비이성적이고 완전히 상징적인 영역으로 이끌어, 끝내 광기에 이르도록 만듭니다. 한편 이러한 아드리안을 좇는 차이트블룸은 인문주의자이자 학자로, 친구의 음악적 여정을 연속적 산문으로 번역하면서 평범한 이해를 좌절시키는 그것을 이해하려 분투합니다. 만은 이 두 남자가 근대 독일 문화의 두 가지 측면을 대변한다고 암시합니다. 하나는 레버퀸을 평범한 감각 너머에 있는 비이성적이고 악마적인 것으로 이끌었던 그의 반항적 삶과 혁신적인 음악이 체현하는 것이고, 다른 하나는 차이트블룸의 때론 어설프고 어색한 서사, 자신이 멈추거나 막을 수 없는 가까운 친구의 음악적 여정을 목격하는 자의 서사가 전하는 것입니다.

이 소설의 직물은 실제 세 가닥으로 이루어져 있습니다. 아드리안의 이야기와 이를 포착해내려는 차이트블룸의 노력(인문주의자이자 선생인 차이트블룸의 삶과 이력을 포함하고 있지요), 그리고 1945년 독일의 최종적 패배로 끝이 난 전쟁 과정에 대한 빈번한 암시가 그 세 가지 가닥이지요. 이러한 역사는 『미메시스』에는 언급되지 않습니다. 물론 만의 위대한 소설에 생기를 부여하는 극적 사건과 인물의 특징도 찾아볼 수 없지요. 그렇지만 독일 문학이 근대적 현실에 직면하지 못한 것에 대한 암시와 아우어바흐 자신이 이 책에서 유럽(문체 분석이라는 수단을 통해 인식된 유럽)을 위한 대안적 역사를 제시하려 기울인 노력을 생각할 때, 『미메시스』 역시 근대성의 파편─터키 망명 도중에 아우어바흐가 유럽의 몰락, 특히 독일의 몰락을 통해 지켜보았던─으로부터 감각과 의미를 구해내려는 시도라 할 수 있습니다. 차이트블룸처럼 아우어바흐는 회복과 구제의 힘을 가진 인간적 기획을 확신했고, 그의 책은 이 끈질긴 문헌학적 작업 속에서 이러한 목적의 귀감이 된다고 할 수 있습니다. 또한 차이트블룸처럼 아우어바흐는 학자란 소설가처럼 동시대의 역사를 재구성해야만 한다고 이해합니다. 연구 분야에 대한 개인적 헌신의 일부라는 것이죠. 그러나 차이트블룸과 그의 독자들에게 매우 강력한 효과를 발휘하는 선형적인 서사문체─숱한 중단과 괄호가 있기는 하지만─를 아우어바흐는 특별히 부인합니다.

그러므로 아우어바흐는 우발적이고 대개 사소한 순간에서 전체 세계를 재창조하는 조이스나 울프 같은 모더니즘 소설가들과 자신을 비교하면서, 연구의 도구로서 고정된 체계, 중단 없는 연속적 움직임, 고정된 개념을 명백히 거부합니다. 종반에 이르러 그는 "이러한 것들에 반해 나는, 내가 지속적으로 작업해왔던 몇 가지 모티프들─나의 문헌학적 작업의 과정 속에서 특별한 목적 없이 나에게 중요해졌고 또 익숙해진─이 나를 이끌어가도록 놓아두는 방법이 성공적일 수 있고 또 유익할 수 있다고 생각한다."(548; II 268)라고 말했습니다. 그가 이러한 모티프에 특별한 목적 없이 자신을 맡기는 데에 확신을 갖는 것은 우선 어느 누구도 근대적 삶 전반을 종합하는 것이 가능하지 않다는 깨달음 때문이며, 두 번째로는 "삶 그 자체에서 비롯된 삶의 질서와 해석"이 있기 때문입니다. "이는 삶 그 자체로부터 나오는 것이며, 개체들 각자 안에서 자라나는 것이며, 각자의 사유 안에서 그리고 각자의 언어와 행위의 숨겨진 형식 안에서 서로 구분되는 것이다. 그러므로 우리 안에는 언제나 우리 자신을 그 주제로 갖는 정식화와 해석의 과정들이 진행 중이다."(549; Ⅱ 269)

    이러한 자기-이해의 증거는 무척이나 감동적이라고 저는 생각합니다. 수많은 인식과 확신이 이 안에서 작동중이며 또 마찰을 빚고 있습니다. 하나는 이미 존재하는 방법이나 도식적인 시대 틀에 의존하지 않고 개인적 관심과 배움, 실천에만 의존해 서구적 현실 재현의 역사를 구성하겠다는 포부입니다. 두 번째는 문학의 해석이 "우리 자신을 주제로 하는 정식화와 해석의 과정"이라는 인식입니다. 세 번째로는, 주제에 대한 전체적으로 일관성 있고 적절히 포괄적인 관점을 생산하지 않는 것, "하나의 상황 하나의 해석"이라는 것은 없다는 생각, "여러 다른 사람들의 상황과 해석일 수도, 한 사람 안에서 각각 다른 때에 생기는 여러 개의 상황과 해석"이 있다는 생각입니다. "이렇게 해서 중복, 보충, 모순이 종합적인 우주관이라 부를 수 있는 어떤 것, 아니면 적어도 해석적 종합을 향한 독자의 의지에 도전하는 그 어떤 것을 산출해낸다"(549; Ⅱ 269~270)는 생각입니다.

    그러므로 이 모두는 분명하게 개인적 노력으로 귀결됩니다. 아우어바흐는 자신이 우리 앞에 제시한 서구 문학의 현실 재현의 역사에 이르기 위한 어떤 체계도 어떤 지름길도 제시하지 않습니다. 현재 관점에서 볼 때, 매우 논쟁적인 개념인 "서구" "현실" "재현"이라는 용어—

최근의 비평가나 철학자들은 이들 각각의 개념들을 둘러싼, 말그대로의 엄청난 논쟁적인 글들을 썼습니다—가 무방비 상태로 별다른 설명이나 제한 없이 놓여 있다는 점에서 몹시 순진한 면모도, 언어도단까지는 아니라고 해도, 있다고 하겠습니다. 이는 마치 아우어바흐가 자신의 개인적 탐구와 필연적 오류를, 주관성이라 비웃을 비평가들의 조소어린 시선 앞에 스스로를 무방비 상태로 내어놓는 것처럼 보이기도 합니다. 그러나 『미메시스』의 성취이자 필연적인 비극적 결함은 역사적 세계의 문학적 재현을 연구하는 인간의 정신이라면 누구나, 자신이 속한 시대와 그 작업의 제한적 시야를 가지고서 나아갈 수밖에 없다는 사실에 있습니다. 위대한 학자는 언제나 배움과 헌신, 도덕적 목적을 가지고 자신의 비전을 뒷받침할 수 있을 뿐이라는 사실, 그 이상의 과학적 방법이나
그 이하의 주관적 시선은 가능하지 않습니다. 문체의 이러한 조합, 이러한 뒤섞임에서 『미메시스』는 탄생했습니다. 저는 『미메시스』라는 인문학의 한 표본이 영어로 처음 출판된 지 50년이 지난 지금도 잊혀질 수 없는 것으로 남아 있다고 믿습니다.

5

작가와 지식인의 공적 역할

유감스럽게도 지식인이 임시로 거하는 집은 그 안에서 누구도 후퇴하거나 해결책을 찾을 수 없는 긴급하고 저항적이며 비타협적인 예술의 영역이라는 생각으로 저는 끝을 맺겠습니다.
그러나 오직 이 불안정한 추방의 장소 속에서 포착될 수 없는 것의 어려움을 진정으로 먼저 포착할 수 있으며 어찌 되었든 애쓰며 앞으로 나아갈 수 있는 것입니다.

1981년 잡지 『네이션』The Nation이 뉴욕에서 작가회의를 열었습니다. 이 행사의 공지에는 누가 작가이며, 왜 그 또는 그녀가 참석할 자격이 있는지에 관한 제한이 없었는데요, 저는 그 전략을 이해할 수 있었습니다.

말 그대로 수백 명의 사람들이 모여들어 맨해튼 도심의 호텔 주연회장을 입추의 여지없이 꽉 채웠습니다. 이 행사는 새롭게 시작한 레이건 시대에 대한 지식인과 예술가 단체의 응답으로 의도된 것이었습니다.

진행 과정을 돌이켜보면, 작가의 정의를 둘러싼 논쟁이 격렬하게 벌어졌습니다. 그곳에 있던 몇몇 사람들은 추려져야 한다는, 쉽게 말하면 쫓겨나야 한다는 바람에서였죠. 이유는 두 가지입니다. 우선 누가 투표권을 갖고 누구는 갖지 않는가를 결정하기 위해서, 그리고 다음으로는 작가 연합을 구성하기 위해서였습니다. 그러나 인원수를 줄여 다루기 쉬운 규모로 만들려던 계획은 별 소득이 없었습니다. 너무나 방대한 인원이 다루기 어려운 엄청난 규모로 남아 있었지요. 왜냐하면 레이건주의에 반대하는 작가로서 참석한 모든 이들이 레이건주의에 반대하는 작가로서 그 자리를 지켰기 때문입니다.

그때 누군가가 현명하게도, 우리도 작가를 정의하는 소련식 방식이라 알려진 바를 따라, 스스로를 작가라 부르는 사람이 곧 작가라는 정의를 내려야 한다고 제안했던 것을 저는 분명히 기억합니다. 저는 바로 이 지점에 많은 문제들이 남아 있다고 생각합니다. 전미작가연합National Writer's Union이 구성되었지만, 그 기능을 출판업자와 작가 사이의 공정한 표준 계약서 같은 기술적이고 전문적인 문제들로 축소했습니다. 공공연하게 정치적 문제를 다루기 위해 미국작가회의American Writer's Congress 역시 만들어졌지만, 합의를 이끌어낼 수 없는 이러저러한 특정한 정치적 의제를 위해 이 회의를 이용하려한 사람들 때문에 애초의 의도는 빗나갔습니다.

    이 회의 이후 엄청난 변화가 작가와 지식인의 세계에 일어났으며, 작가와 지식인이 누구이며 무엇인가라는 정의는, 그런 것이 만약 있다면, 명확히 하기에 점점 더 혼란스럽고 어려운 문제가 되었습니다. 저는 1993년 리스 강연에서 "지식인의 표상"*이라는 제목으로 이 문제에 대해 다루었습니다만, 그 사이 커다란 정치적·경제적인 변화가 있었고 이 글을 쓰면서 저 스스로 이전 견해를 상당 부분 보완해야만 했습니다. 작가와 지식인이 비정치적이라 불리는 입장이 될 수 있는지, 그리고 만약 가능하다면 어떻게, 어느 정도로 그럴 수 있는지와 관련된 해결되지 않은 긴장이 심화되어온 것, 이것이 변화의 핵심입니다. 모든 작가와 지식인 앞에 놓인 이 긴장이 처한 난국은 역설적으로 정치적인 것과 공적인 것의 영역이 너무나 팽창되어 실제적으로 경계가 없는 상황에 이르렀다는 점입니다. 냉전이라는 극단의 세계가 각기 다른 방식으로 재편성되고 해소되면서 무엇보다 작가의 물리적이고 형이상학적인 위치와 입장에 엄청난 변화를 가져왔습니다. 작가 또는 지식인이라는 개념 각각이 일관성을 가지고 있고 정의상 특징적인 의미와 존재를 지닌다고 말할 수 있다면, 그 또는 그녀가 다양한 역할을 할 수 있는 가능성도 열렸습니다. 9/11 이후 미국 작가의 역할은 확실히 "우리"에 관해 쓰여진 것들의 타당성을 엄청난 정도로 확대해왔습니다.

    너무나 많은 책들이 지식인은 더 이상 존재하지 않는다고 말하며, 냉전의 종식, 작가와 지식인 집단에게 개방된 미국 대학, 전문화의 시대, 모든 것이 상업화·상품화되어가는 새로운 세계화 경제와 같은 상황들로 인해 고독한 작가-지식인(저는 편의를 위해 이 두 개념을 잠정적으로 연결해서 사용하겠습니다. 곧 그 이유를 말씀드리겠습니다)이라는 낡고 다소 낭만적·영웅적인 개념은 폐기되었다고 말합니다. 그러나 공적인 영역을 건드리며 그것의 중요한 일부분이 되는 작가-지식인의 사상과 실천은 여전히 상당한 생명력이 있는 것처럼 보입니다. 이라크에서의 앵글로-아메리칸 전쟁에 반대하는(또 안타깝게도, 지지하는) 작가-지식인의 역할이 생생한 예시가 되겠지요.

제게 익숙하다고 할 수 있는 서너 가지의 서로 다른 동시대 언어 문화권에서 작가와 지식인이 갖는 중요성은 눈에 띄게, 나아가 명백하게 분명한데요, 많은 사람들이 여전히 작가-지식인을 혼란스러운 현재의 안내자로 여기거나, 더 많은 권력과 영향력을 얻기 위해 겨루는 당이나 시류 또는 집단의 지도자로 여기며 그들에게 귀 기울일 필요성을 느끼고 있다는 점이 한 가지 이유입니다. 지식인의 역할에 대한 이 두 가지 생각에서 드러나는 그람시의 영향은 분명합니다. 아랍-이슬람 세계에서 지식인을 나타내는 두 가지 단어는 '무타카프'muthaqqaf와 '무파키르'mufakir입니다. 무타카프는 '타카파'thaqafa, 즉 문화(여기서 문화를 가진 인간이 나옵니다)에서 나온 단어이고, 무파키르는 '피크르'fikr, 즉 사유(여기서 사유를 하는 인간이 나옵니다)로부터 온 단어입니다. 문화와 사유라는 이 두 가지의 뜻에 담긴 신망은 진실성이나 대중성, 문화나 사유를 결여한 것으로 여겨지는 정부와 비교할 때 더 강해지고 두터워집니다. 그러니 예컨대 이집트, 이라크, 리비아, 시리아 같은 왕조 공화정 정부가 야기한 도덕적 공백 속에서 많은 사람들은 더 이상 정치적 권위가 제공하지 않는 리더십을 찾아 종교 지식인 또는 세속적 지식인에게로(여전히 남성이 압도적이지요) 향하게 됩니다. 정부가 지식인들을

---

* 이 강연은 Representations of the Intellectual(vintage, 1996); 『지식인의 표상』 (최유준 옮김, 도서출판 마티, 2012)으로 출간되었다.

자신들의 대변인으로 능숙하게 흡수하는 데에도 불구하고 말이지요. 그러나 분쟁이 계속되듯, 진정한 지식인을 찾는 여정도 계속됩니다.

프랑스 언어권에서 "지식인"intellectuel이라는 단어는 확실히 공적 영역의 잔여라고 할 수 있는 것을 내포하고 있습니다. 최근에 유명을 달리한 사르트르, 푸코, 부르디외, 아론과 같은 이들이 수많은 청중을 상대로 논쟁하고 자신들의 의견을 개진했던 그 공적 영역 말입니다. 대부분의 위대한 사상가maîtres penseurs들이 사라졌던 1980년 즈음 그들의 부재를 둘러싼 어떤 만족감과 안도감이 감돌았습니다. 마치 졸라 이후 처음으로 평범한 사람들이 자신들의 이야기를 가지게 되었을 때처럼 말이지요. 그러나 사르트르의 흔적, 죽는 날까지 『르 몽드』Le Monde나 『리베라시옹』Libération의 각 이슈마다 등장했던 피에르 부르디외 덕분에 공적 지식인에 대해 많은 사람들이 상당히 고양된 취향을 갖게 되었다고 저는 생각합니다. 멀리서 지켜보자면 프랑스는 사회경제적 정책에 대한 논쟁이 여전히 살아 있고, 미국과는 달리 한쪽 방향으로 치우치지 않은 모습을 보입니다.

영국에서 "지식인"이라는 단어가 지닌 역사적 의미론을 이해하려고 할 때, 레이먼드 윌리엄스의 『키워드』Keywords은 좋은 출발점이 됩니다. 이 책에서 윌리엄스는 "지식인"이라는 단어가 지닌 대체로 부정적인 의미들의 힘의 장을 간결하게 제시하고 있습니다. 그 뒤를 이어 스테판 콜리니와 존 케리를 비롯한 이들의 작업은 지식인과 작가들이 자리하고 있는 실천의 영역을 심화하고 정제시켰습니다. 윌리엄스는 20세기 중반 이후 지식인이라는 단어가 새롭고 확장된 뜻을 가지게 되었다고 말하는데, 그중 많은 부분은 이데올로기, 문화 생산, 조직화된 사고나 능력, 학습 수용 능력과 관계가 있습니다. "지식인"이라는 단어의 영국적 용법이 프랑스와 일반적인 유럽적 맥락에서 통용되던 의미와 용례의 일부를 흡수하는 방향으로 확장되었던 것입니다. 그러나 프랑스의 경우처럼 윌리엄스 세대의 지식인들은 무대에서 퇴장했고(놀라울 정도로 명료하며 명석한 에릭 홉스봄이 드문 예외이기는 합니다) 『뉴 레프트 리뷰』New Left Review에서 활동하는 그의 후학들로 판단해보건대, 좌파 정적주의quietism의 새로운 시대가 시작된 듯 보입니다. 특히 신노동당이 단호하게 과거와 단절하고 세계를 재정비하려는 새로운 미국적 캠페인에 합류하는 상황에서, 이의를 제기하는 유럽 작가의 역할은 새롭게 평가해줄 여지가 있습니다. 신자유주의적이고 대처주의적인 지식인은 여전히 예전(패권을 장악했던 시절)만큼이나 많고, 언론 지면을 유리하게 이용해 이라크에서의 전쟁을 지지하거나 비판합니다.

그러나 제가 언급했던 앞서 세 지역의 담론과 토론 영역에 비할 때, 미국에서 "지식인"이라는 단어는 덜 사용되는 편입니다. 그 이유 가운데 하나로, 아랍이나 프랑스, 영국에 비해 전문가주의와 전문화가 지적 작업에 규범을 제공한 정도가 미국에서 더 크다는 점을 들 수 있겠습니다. 전문적 지식에 대한 숭배가 지금의 미국처럼 담론 세계를 지배했던 적이 없습니다. 미국의 정책 지식인들은 자신들이 전 세계를 감독한다고 느낄 수가 있지요. 또 다른 이유를 들자면, 실제로 방송이나 인쇄물, 사이버공간 속에서 부지런히 발언하며 열심히 작업하고 있는 지식인들이 있음에도 불구하고, 미국의 공적 영역은 정책이나 정부의 문제, 권력과 권위에 대한 고려로 가득 차 있다는 점입니다. 관직에 대한 열정이나 권력을 가진 자의 이목을 끌려는 의도가 없는 지식인의 생각은 1~2초도 버텨내기 힘든 상황입니다. 이익과 명성이 강력한 자극제인 것입니다. 오랫동안 텔레비전에 출연하고 언론인과 인터뷰를 해오면서 제가 받지 않은 적이 없었던 질문은 "미국이 이러이러한 문제에 대해 어떻게 해야 한다고 생각하십니까?"입니다. 이 일화는 대학 바깥에서 이루어지는 지적 실천의 중심에 통치라는 개념이 어떻게 자리잡고 있는가를 보여주는 지표입니다. 저는 이러한 질문에 절대 답하지 않는 것을 일종의 원칙으로 삼아왔다는 점을 덧붙이고 싶군요.

    미국의 공적 영역에서 이런저런 정치적 정당이나 로비, 특정 이해관계나 외세와 얽혀 있는 당파적인 정책 지식인이 부족한 경우는 없습니다. 이것은 어쩔 수 없는 사실입니다. 말 그대로 수천 개의 비정기적 논문, 저널, 잡지와 워싱턴 두뇌 집단의 세계, 다양한 텔레비전 토크 쇼, 셀 수 없는 라디오 프로그램들, 이 모두는 공적 담론이 얼마나 깊이 이해관계와 권위·권력 속에 물들어 있는가를 분명히 입증해주는 것들입니다. 이 같은 이해관계, 권위, 권력이 닿는 범위는 말 그대로 상상조차 불가능합니다. 다만 신자유주의적 탈복지국가—시민이나 자연 환경과 공명하지 않지만, 전통적인 장벽이나 주권에 제한받지 않는 거대한 전 지구적 기업 구조와는 공명하는—와 중심적인 관계를 맺고 있다는 점만은 분명하죠. 미국의 유례없는 전 지구적 군사 지배력은 새로운 구조에 필수적입니다. 새로운 경제적 상황 속에서 다양하게 전문화된 체계와 실천이 매우 점진적이고 부분적으로 드러나고 있으며, 정부는 국가적 안보가 곧 선제공격이라 여기고 있습니다. 이런 상황과 더불어 우리가 목도하고 있는 것은 이러한 체계와 실천들이(이 가운데 어떤 것은 새롭고 어떤 것은 고전적인 제국주의 체제의 잔존물을 개조한 것입니다) 인간의 행위능력을 밀어내고 짓밟기 위한 지리학을 제시하기 위해 조합되고 있는 것입니다. (제가 예시로 염두에 둔 이브 데즐레와 브라이언 G. 가스의 『덕으로 다루기: 국제적 통상 중재와 초국가적 법질서 구축』*Dealing in Virtue: International Commercial Arbitration and the Construction of a Transnational Legal Order*을 보십시오.) 우리는 토머스 프리드먼, 다니엘 예르긴, 조지프 스타니슬라, 그리고 세계화를 찬양하는 무리들의 말에 오도되어 체계 그 자체가 인간 역사를 위한 최선이라고 믿어서는 안 됩니다. 동시에 그 반작용으로, 그보다 덜 화려한 방식으로 리처드 포크가 포스트-베스트팔렌 세계-체계라고 부른, 밑으로부터의 세계화가 인간의 잠재력과 혁신을 통해 제공할 수 있는 것을 놓쳐서는 안 됩니다. 오늘날 소수자와 인권, 여성과 환경 문제, 민주주의적·문화적 변화 운동을 다루기 위해 창설된 꽤 방대한 NGO 네트워크가 존재합니다. NGO 단체들이 정치적 행동이나 움직임, 특히 불법적인 전쟁에 대항하고 이를 막기 위한 노력을 완전히 대체할 수는 없지만, 전 지구적 현 상황에 대한 저항을 구체화하고 있는 것은 사실이죠.

그러나 데즐레와 가스의 주장 대로("미덕의 제국주의"L'impérialisme de la vertu) 국제적 NGO들은 자금조달을 하는 과정에서 이들이 미덕의 제국주의라 부른 것의 표적이 될 수 있습니다. 다국적기업이나 포드 같은 거대 재단의 부속 단체로 기능하면서, 오랫동안 당연시 여겨온 것들을 깊이 변화시키거나 비판하지 못하도록 원천봉쇄해버리는 시민적 미덕의 중심이 되는 것이지요.

일반적으로, 외부의 영향을 받지 않으며 전문용어로 가득 차 있고 위협적이지 않은 투지를 가진 학계의 지적 담론 세계를 공적 영역이 도처에서 하고 있는 일과 대조하는 것은 신선하고도 놀라울 만한 일로 받아들여집니다. 이러한 대조를 특히 인문학의 주변화라는 문맥에서 선구적으로 연구한 이는 마사오 미요시입니다. 학계와 공적 영역의 분리는 다른 어느 곳보다 미국에서 가장 크게 일어났습니다. 물론 『뉴 레프트 리뷰』의 편집인 페리 앤더슨이 좌파에 보낸 만가輓歌에서처럼, 남아 있는 영웅을 위한 영국, 미국, 유럽의 만신전이 하나의 예외를 제외하고는 완전히 학계 편향적이며 거의 전적으로 남성적·유럽 중심적이라 할 수 있다고 말하는 건 너무 손쉬운 일입니다. 저는 앤더슨이 존 필저, 알렉산더 콕번과 같은 비학계 지식인들이나 촘스키, 진, 말년의 이크발 아마드, 저메인 그리어 같은 정치적 인물들, 그밖에 모하메드 시드 아마드, 벨 훅스, 안젤라 데이비스, 코넬 웨스트, 세르주 알리미, 미요시, 라나지트 구하, 파르타 차터지와 같은 인물들은 물론이고 감명을 주는 아일랜드 지식인인 시머스 딘, 루크 기븐스, 데클런 키버드 등을 고려하지 않는 사실이 무척 놀랍습니다. 이들 모두는 앤더슨이 "신자유주의적 압승"이라 부른 것에 보내는 엄숙한 애도를 받아들이지 않을 것입니다.

    2000년 미 대통령 선거전에 나선 랄프 네이더*가 너무나 신선했던 이유는 진정한 반골 지식인이 세계에서 가장 강력한 선출직에 입후보해 탈신비화와 탈마법화의 수사와 전략을 이용하면서, 대체로 정부에 반감을 가졌던 유권자에게 정확한 사실에 기댄 대안적 정보를 제공했기 때문입니다. 이는 애매함, 김빠진 슬로건, 신비화, 종교적 광신 같은 두 주요 정당의 후보자들이 지지하고 미디어가 동의하고, 게으름 떤 인문학계 역시 역설적으로 동의한 셈이 되어버린 지배적 방식에 반하는 것이었습니다. 네이더의 경쟁적 입지가 분명하게 보여준 바는

    전 지구적 사회의 저항하는 경향들이 끝나지 않았고 꺾인 것도 아니라는 사실입니다. 이란의 혁신주의 물결, 아프리카 각 지역에서 일어난 민주적 반인종주의적 결속은 물론이고 WTO에 반해 시애틀에서 일어난 1999년 11월의 시위, 남 레바논 해방, 이라크 전쟁에 반대하는 유례없는 전 세계적 항거 등이 보여주듯 말입니다. 이러한 예는 많습니다. 그리고(제대로 해석된다면) 앤더슨이 추천하는 듯 보이는 위안적인 타협주의와는 그 어조를 달리합니다. 의도라는 측면에서 네이더의 선거운동은, 시민들이 스스로 국가 정책에 참여할 수 있는 잠재력이 있음을 자각하도록 환기시켰다는 점에서, 다른 후보들의 선거운동이

추구한 방향과 달랐습니다. 탐욕 때문도 아니요, 정치라는 것에 단순히 동의하는 것도 아닌 그러한 참여 말이죠.

조금 전에 저는 별다른 논의 없이 지식인과 작가라는 단어를 동일하게 놓고 논의를 진행했는데요, 이제 작가의 독특한 기원과 역사에도 불구하고 왜, 그리고 어떻게 이 둘이 서로에게 속해 있는지를 보아야 할 때라는 생각이 듭니다. 일상적 용례에서, 그리고 제게 익숙한 언어와 문화 안에서 작가는 문학을 생산하는 사람, 요컨대 소설가요 시인이요 극작가입니다. 일반적으로 모든 문화권에서 작가는 지식인과는 다른, 아마 좀 더 영예로운 위치를 차지한다고 생각합니다. 다소는 폄하되기도 하고 기생적이라고 불리기도 하는 비평가라는 지식인에게는 허락되지 않는 창의성의 아우라와 독창성을, 말하자면 거의 신성화된 능력(종종 그 영역과 질에서 예언적인)을 작가는 가지고 있다고 여겨집니다(비평가를 일컬어, 흠을 들추고 현학적인 단어를 함부로 쓰는 것 말고는 하는 게 없는 역겹고 귀찮은 동물이라 공격하는 오랜 역사가 있지요). 그러나 20세기의 지난 세월 동안 작가는 권력을 향해 진실을 말하며, 박해와 고통을 증언하며, 권위와 충돌해 반대의 목소리를 내면서 점차 지식인의 반골적 속성을 갖게 되었습니다. 작가와 지식인이라는 두 단어가 서로 융합되는 신호는 살만 루시디의 경우를 빼놓고는 생각할 수 없습니다. 불관용이나 문화 간의 대화, 내란(보스니아나 알제리의), 언론의 자유와 검열, 진리와 화해(남아프리카, 아르헨티나, 아일랜드 등지에서), 국가나 종교의 경험을 예증하고, 그 경험에 공적 정체성을 부여해 그것이 영원히 세계의

---

* Ralph Nader(1934~): 미국의 변호사, 작가, 정치행동가로 미국 대통령 선거에 다섯 차례(1992, 1996, 2000, 2004, 2008년) 참가했다. 소비자 권리, 인도주의, 환경 문제, 민중 정부 등에 관심을 기울여왔다. 아랍계로서는 역사상 처음으로 미국 대통령 후보에 올랐다.

담론적 의제에 기입되도록 하는 지식인으로서의 작가의 특별한 상징적 역할에 헌신하는 수많은 작가 의회와 대회의 구성도 마찬가지입니다. 이 긴밀한 연계를 가장 쉽게 보여줄 수 있는 방법은 최근의 노벨상 수상자 중 몇몇의 (그러나 모두는 아닙니다) 이름들을 나열한 다음, 마음속에서 각각의 이름으로 상징화된 지역을 떠올려보는 것입니다. 이 지역들은 곧 작가가 문학의 세계와는 동떨어진 곳에서 벌어지는 논쟁들에 지속적으로 개입하는 행위를 위한 일종의 발판 또는 도약대로 볼 수 있습니다. 나딘 고디머, 겐자부로 오에, 데렉 월컷, 월레 소잉카, 가브리엘 가르시아 마르케즈, 옥타비오 파스, 엘리 비젤, 버트런트 러셀, 귄터 그라스, 리고베르타 멘츄 등을 떠올릴 수 있겠지요.*

파스칼 카사노바가 그녀의 총괄적인 책『문학의 세계공화국』La république mondiale des lettres에서 명석하게 제시했듯이, 지난 150년 동안 형성되어온 문학의 세계 체제가 이제 나름의 문학성litterarité과 흐름, 정전, 국제주의, 시장 가치를 가지고서 자리를 잡은 듯 보입니다. 그녀는 이 책에서 작가를 각기 다른 세 가지의 범주, 즉 동화된 작가, 반체제 작가, 번역된 작가로 구분하는데요, 이 범주들은 문학의 세계 체제로부터 비롯되어 각각 매우 효율적이고 세계화된 준 시장quasi-market 체제로 개별화되고 분류됩니다. 이것이 이 체제의 효율성입니다. 나아가 카사노바는 이 강력하고 사방에 편재된 체제가 실제로 어떻게 그 체제로부터의 독립을 자극하는지를 보여줍니다. 그 언어와 문자론orthography이 국가나 체제의 법에 종속되지 않았던 조이스나 베케트 같은 작가처럼 말이죠.

제가 카사노바의 책에 경탄을 보내긴 하지만, 이 책의 전반적 성취는 모순적입니다. 그녀는 세계화된 체제로서의 문학은 완전한 자율성을 갖는다고, 즉 정치적 제도나 담론이라는 거친 현실 너머에 있다고 말하는 것처럼 보입니다. 이러한 생각은 그녀가 "국제적인 문학의 공간"이라는 형식 속에서 문학을 이해하면서, 문학이 고유의 해석 법칙, 개개의 작품과 조화에 고유한 변증법, 민족/국가주의나 민족어와 관련된 고유의 문제틀을 가진다고 논의할 때 이론적으로 그럴듯하게 들리기도 합니다. 그러나 그녀는 아도르노가 나아간 지점까지 이르지는 못합니다. 아도르노는 이렇게 말하죠, 저 역시(끝에 가서 다시 간략하게 여기로 돌아올 생각입니다) 공감하는 바인데요, 근대성의 특징 가운데 하나는 매우 깊은 수준에서 미적인 것과 사회적인 것이 화해할 수 없는 긴장의 상태에 있을 필요가 있다는 것, 종종 의식적으로 그런 긴장 상태에 있게 되는 것이라고 말입니다. 또한 카사노바는 변화된 정치적 배치가 가져오는 거대한 탈냉전의 문화적 논쟁 속에 문학 혹은 작가가 여전히 연루되기도 하고, 종종 이 논쟁 속에서 유용하게 동원되기도 하는 방식을 충분히 논하고 있지 않습니다.

이렇게 확장된 맥락 안에서 작가와 지식인이라는 기본적 구분은 이제 존재할 필요가 없습니다. 작가와 지식인 모두 세계화가 지배하는 (심지어 호메이니 율법의 지지자들도 존재한다고 가정하는) 새로운 공적 영역에서 행위하고 있는 한, 이 둘의 공적 역할은 같이 논의되고 분석될 수 있습니다. 이를 또 다른 방식으로 설명하기 위해 저는 작가와 지식인이 공적 영역에 개입할 때 가지는 공통점이 무엇인지에 집중하려 합니다. 저는 세계화의 외부가, 세계화가 진행된 지역으로부터 영향 받지 않은 영역이 존재할 가능성을 포기하고 싶지 않고 이에 대해 다룰

---

* 고디머의 남아프리카 공화국, 겐자부로의 일본, 월컷의 서인도제도 세인트루시아, 소잉카의 나이지리아, 마르케스의 콜롬비아, 파스의 멕시코, 비젤의 루마니아, 러셸의 영국, 그라스의 독일, 멘츄의 과테말라 등을 말한다.

생각입니다만, 이 글이 끝날 무렵까지 미뤄두겠습니다. 제 주된 관심은 지금 현재 존재하고 있는 체제 안에서 작가의 역할, 바로 그것이기 때문입니다.

오늘날 지적 개입이 갖는 기술적 특징에 대해 말씀드려 보겠습니다. 지난 10여 년 동안 소통이 가속화된 속도를 극적으로 생생히 포착하기 위해서 18세기 초반 조너선 스위프트가 효과적인 공적 개입에 대해 가졌던 의식과 우리의 인식을 대조해보고 싶습니다. 분명 스위프트는 당대 최고의 팸플릿 집필자였습니다. 1713년과 1714년 말보로 공작에 대항한 운동을 하던 스위프트는 자신의 팸플릿 「동맹자의 처신」The Conduct of the Allies 복사본 1만 5,000부를 며칠 만에 거리에 뿌릴 수 있었습니다. 이는 공작의 명성을 추락시켰지만, 자신의 글이 기본적으로 일시적이며 유통되는 짧은 기간 동안만 유효하다는 스위프트의 비관적 느낌(1694년의 『통이야기』까지 거슬러 올라갑니다)을 변화시키지는 못했습니다. 물론 스위프트는 당시의 신구 문학 논쟁*을 염두에 두고 있었는데요, 이 논쟁 속에서 보자면 존경할 만한 작가인 호메로스나 호라티우스는 그들의 나이와 관점의 신뢰성 덕분에 드라이든 같은 근대적 인물보다 긴 수명과 영속성이라는 이점을 가지고 있었습니다. 그러나 이런 논의는 전자 미디어의 시대에 적합하지 않습니다. 왜냐하면 컴퓨터와 괜찮은 인터넷 연결망만 있다면 누구나 스위프트가 했던 것보다 수천 배 더 많은 사람들에게 접근할 수 있으며, 기록된 것을 상상할 수 있는 정도를 넘어 보존할 수 있게 되었기 때문이지요. 오늘날 문서 보관과 담론에 대한 우리의 생각은 근본적으로 수정되어야 하는 상황에 있으며, 더 이상 푸코가 20년 전 공들여 정의했던 바를 따르지 않습니다. 누군가가 신문이나 저널에 글을 쓴다 하더라도, 이것은 엄청나게 복제될 가능성이 있으며 그 보존 시간 역시 이론적으로는 무한정이지요. 이는 실제적—

가상적인 것에 반대되는—청중이라는 개념마저 폐기해버렸습니다.
이러한 상황들은 위험하다고 생각되는 글쓰기를 검열하고 금지하기
위해 지배체제들이 가지고 있던 권력을 확실히 제한했습니다. 물론
온라인 출판물의 자유주의적 기능을 중단하거나 축소하기 위한
투박한 수단들이 존재하기는 합니다. 예컨대 바로 얼마 전까지만
해도 사우디아라비아와 시리아는 인터넷, 심지어 위성 텔레비전까지
금지했지요. 지금은 두 나라 모두 인터넷을 제한적으로 허용하고
있습니다만, 자신들의 지배를 유지하기 위해 결국 정교하지만 엄청난
금지 장치를 마련했습니다.

    지금 상황대로라면 제가 영국 신문에 싣기 위해 뉴욕에서 쓴 글을
미국, 유럽, 일본, 파키스탄, 중동, 라틴 아메리카, 남아프리카, 호주의
개인 웹 사이트나 이메일 화면을 통해 다시 볼 수 있는 가능성은 충분히
있습니다. 작가들과 출판업자들은 재판再版과 재유통을 통제할 수가
없습니다. 독자를 어떤 방식으로든 정확하게 구체화하기가 어렵다면
누구를 위해 글을 써야 할까요? 대부분의 사람들은 작품을 발표할
실제 지면이나 내용을 전달할 가상의 독자에 초점을 둡니다. 상상의
공동체라는 개념이 갑자기 말 뜻 그대로의, 그 뜻이 가상적이라면,
차원을 획득하게 되지요. 10여 년 전쯤 제가 아랍 독자들을 상대로
한 아랍 출판물에 글을 쓰기 시작했던 때에 경험했듯이, 지금 우리는
구독층을 창출하고 구성하고 참조합니다. 18세기의 스위프트가 얼마되지
않는 진정한 고정 독자로 영국 국교도인을 자연스럽게 가정할 수 있었던

---

* 신구 문학 논쟁: 17세기 말부터 18세기 초에 고대 문학과 근대 문학의 우열을 둘러싸고 프랑스에서
  벌어진 논쟁.

시절보다 훨씬 더 그렇습니다.

    그러므로 오늘날 우리 모두는 불과 10년 전에 생각할 수 있었던 것보다 더 많은 독자에게 접근한다는 생각을 가지고 작업해야만 합니다. 그러한 독자를 계속 유지시킬 수 있는 가능성은 역시나 너무 작지만 말입니다. 이는 단순히 의지의 낙관주의 같은 문제가 아닙니다. 오늘날의 글쓰기의 본성, 바로 그것에 관한 문제입니다. 이런 상황에서 작가는 자신과 자신의 독자 사이에 공통적인 가정을 당연시하기 어려워지고, 특정한 언급이나 암시가 즉각 이해될 것이라는 가정 역시 할 수 없게 됩니다. 그러나 이렇게 확장된 새로운 공간에서 이루어지는 글쓰기는 몹시 위험스런 결과를 가져옵니다. 그 결과 완전히 불투명하게 말하거나 아니면 완전히 투명하게 말하도록 독려받기 쉽습니다. 만약 누군가가 지적이고 정치적인 사명(곧 이에 대해 다루겠습니다)에 대한 감각을 가지고 있다면, 물론 완전히 투명하게 말하도록 해야겠지요. 그러나 투명하고 간단명료한 글은 그 자체로 문제점을 가집니다. CNN이나 『USA 투데이』에서 볼 수 있는 언론계-표준영어식 관용어의 단순한 중립성으로 잘못 빠질 위험이 언제나 도사리고 있기 때문입니다. 독자를 배제하거나(더 위험하게는 편집자에 관여하거나), 우리가 드러내고 또 그에 도전하려 애쓰는 관습과 너무나 비슷한 문제로 독자를 설득하려고 시도하는 당혹스런 상황이 실제로 발생합니다. 기억해야 할 것은, 제가 계속 말씀 드렸듯이, 또 다른 언어라는 것은 존재하지 않는다는 사실이며, 제가 사용하는 언어는 국무부나 대통령이 인권을 위한다고, 이라크를 "자유롭게"하기 위해 전쟁을 한다고 말하며 사용하는 언어와 같아야만 한다는 것입니다. 저 역시 주제를 다시 포착하고 다시 이용하고 다시 그 주제를 거대하게 복잡한 현실―저와는 다른 입장에 서 있는 과도한 특권을 부여받은 이들이 단순화시키고 배반하고 축소하거나 용해시켜버리는 그러한 현실—과 연결시키기 위해 그와 같은 언어를 사용할 수 있어야 합니다. 지식인은 단순히 누군가의 이익을 증진시키기 위해 존재하는 것이 아니며, 그/그녀에게는 현 상황의 문제에 책임을 갖고 있는 반대자, 그러니까 직접 교전해야만 하는 적수가 있어야만 합니다.

주요 발표 지면들이 가장 강력한 힘을 지닌 무리들, 그러니까 결과적으로는 우리가 저항하거나 공격해야 하는 바로 그 적수들의 지배를 받고 있다는 사실이 몹시 실망스럽지만, 상대적으로 유동성이 있는 지적 에너지는 유효한 연단演壇들을 이용할 수 있고, 실제로 그 종류를 증가시킬 수 있다는 것 역시 사실입니다. 말하자면 한편에는 6명이 지배하는 6개의 거대한 다국적기업이 전 세계 대부분의 이미지와 뉴스 공급을 통제하고 있고, 다른 한편에는 시작 단계에 있는 공동체를 실제로 구성하는 독립적인 지식인들이 존재합니다. 이들 지식인들은 물리적으로는 서로 떨어져 있으나 주요 미디어가 멀리하는 많은 행동주의 집단과 다양한 관계를 맺고 있으며, 스위프트가 풍자적으로 웅변적 기계라 불렀던 것과는 다른 종류의 기계들을 재량껏 가지고 있습니다. 강연을 위해 선 연단, 팸플릿, 라디오, 대안적 저널, 비정기 논문, 인터뷰, 집회, 교회 설교단, 인터넷 등등 몇 개만 나열을 해보자면 그렇습니다. 엄청난 범위의 기회들을 생각해보십시오. PBS의 '뉴스아워'나 ABC의 '나이트라인'에 초대될 가능성이 높지 않을 뿐더러, 초대받았다 하더라도 오직 단발적이고도 짧은 순간만 허락된다는 사실은 분명 불리한 조건입니다. 그러나 이러한 미디어의 짧고 간결한 형식을 취하지 않으면서 시간을 좀 더 널리 확장한 형태의 기회들이 등장하고 있습니다. 그러므로 신속함은 양날의 칼을 지닌 무기입니다. 전문가 담론의 주요한 특징이 되는 슬로건을 만들어내는 환원적 문체—외관상 적절하고 빠르며 공식적이고 실용적인—가 갖는 신속함이 있으며, 지식인과 대부분의 시민들이 대안적 관점을 더 온전하고 더 완벽하게 표현하기 위해 이용하는 반응과 형식상의 신속함이 있습니다. 수많은 연단(다시 스위프트의 표현을 빌자면 무대를 순회하는)의 형태 속에서 유효한 것들을 활용하는 가운데, 그리고 지식인이 이러한 연단(말하자면, 텔레비전 명사나 직업 정치인 지망생들에게 유용 하지도 않고 가깝지도 않은 연단)을 민첩하고 창의적으로 적극 이용하는 가운데, 폭넓은 논의를 시작할 수 있다고 제안하고 싶습니다.

이 같은 새로운 상황의 해방적 잠재력—그리고 그에 대한 위협—이 과소평가되어서는 안 됩니다. 제가 말하는 바를 매우 강력하게 예증하고 있는 최근의 사례 하나를 들어보겠습니다. 지금 전 세계에는 약 400만의 팔레스타인 난민들이 흩어져 있습니다. 그중 상당수가 레바논의 난민 수용소(1982년 샤브라와 샤틸라Sabra and Shatila 대학살이 일어났던 곳이죠), 요르단, 시리아, 이슬라엘 점령지역인 가자, 웨스트뱅크에 살고 있습니다. 1999년 데헤이셰Deheisheh 수용소에 살던 젊고 교육받은 일군의 진취적 난민 집단이 입다Ibdaa 센터를 세웠습니다. 이들이 주로 내세웠던 것은 경계 없는 기획Across Borders project으로, 주요 수용소에 있는 난민들—넘어서기가 불가능하고도 어려운 장벽에 의해 지리적으로 정치적으로 서로 떨어져 있는—을 컴퓨터 단말기로 서로 연결해주는 혁명적 방식이었습니다. 1948년 부모 세대들이 흩어지게 된 이후 처음으로, 베이루트나 아만의 팔레스타인 난민 2세대들이 팔레스타인 내부에 있는 이들과 대화할 수 있게 되었던 것입니다. 경계 없는 기획의 결실은 너무나 놀라웠습니다. 데헤이셰에 거주하던 이들은 이전에 살던 팔레스타인 마을을 방문해, 수용소에 대해 듣기는 했으나 접근할 수 없었던 그곳 사람들에게 자신들이 느낀 것과 자신들이 목격한 것에 대해 이야기해주었습니다. 몇 주 만에 두드러진 유대감이 단번에 나타났지요. 그 유대감은 PLO와 이스라엘 사이의 불운한 최종-위치final-status 협상이 난민과 송환의 문제를 다루기 시작하던 때 드러났습니다. 이 문제는 예루살렘 문제와 더불어 궁지에 몰린 평화 협정의 주요 비타협지점이었습니다. 그러니까 몇몇 팔레스타인 난민들에게는 자신들의 존재와 정치적 의지가 최초로 현실화되었던 겁니다. 지난 반세기 동안 그들의 운명이었던 수동적 객체성과는 질적으로 다른 새로운 위치가 그들에게 부여되었습니다. 그러던 중 2000년 8월 26일 데헤이셰의 모든 컴퓨터들이 정치적 반달리즘에 의해 파괴되었습니다. 난민은 난민으로 남아 있어야 한다고 주장하면서, 오랫동안 난민들의 침묵을 당연시 여겨온 현 상태를 교란시켜서는 안 된다고 믿는 이들의 정치적 행위였죠. 용의선상에 있는 인물들을 떠올려보는 게 어렵지는 않습니다만, 누군가가 지목되거나 체포되는 일을 상상하기는 어렵습니다. 어쨌든 데헤이셰 수용소 거주자들은 곧 입다 센터를 재건하는 일에 노력을 쏟기 시작했고, 어느 정도는 성공을 거두었습니다.

이러한 상황 또는 이와 유사한 맥락에서 왜 개인이나 집단이 침묵보다 글쓰기와 말하기를 더 선호하는가라는 문제에 답하는 것은 지식인과 작가가 공적 영역에서 직면한 것을 구체화하는 것과 다르지 않습니다. 말하자면, 사회 정의와 경제적 평등을 추구하며 (아마르티아 센의 정식화처럼) 자유란 문화적·정치적·지적·경제적 발전과 관련된 선택지를 요구할 권리를 포함해야만 한다는 것을 이해하는 개인과 집단의 존재, 그 존재 자체가 누군가를 침묵이 아닌 표명의 욕망으로 이끕니다. 이것이 지식인의 소명에 대한 기능적인 관용어입니다. 그러므로 지식인은 이러한 기대와 소망의 정식화를 가능하게 하고 확장하는 위치에 서 있다고 말할 수 있겠습니다.

이제 모든 담론적 개입은 특정한 사건마다 특수하게 이루어지며, 흥미로운 합의, 패러다임, 에피스테메, 실천(담론적 규범을 지시하는 널리 받아들여진 개념 가운데 우리가 선호하는 것 모두를 꼽아보자면 이렇습니다)을 가정한다고 말할 수 있습니다. 요컨대 이라크에 대항하는 앵글로-아메리칸 전쟁에, 이집트와 미국의 총선에, 하나의 또는 또 다른 국가의 이민 업무에 대해, 서아프리카의 생태학에 대해, 담론적 개입을 행한다는 것이죠. 이를 포함한 여러 다른 상황에서 볼 수 있듯이, 우리가 살고 있는 이 시대는 저항하기 어려운 주류 미디어-정부의 관행으로 치우치는 경향이 있습니다. 지식인들은 대안이 분명 존재한다고 가정해야 하지만 말입니다. 그러므로 다시금 강조하자면, 모든 상황은 주어진 그 상황을 따라 해석되어야 하지만(대부분 그렇다고 말씀드릴 수 있습니다), 모든 상황은 또한 강력한 영향력을 행사하는 체계를 갖춘 이들과 덜 갖춘 이들, 좌절과 침묵, 혼합 또는 소멸 속에서 권력자들로부터 위협받는 이들 사이에 존재하는 투쟁을 포함한다는 점도 분명합니다. 미국의 지식인에게, 책임은 더욱 크며 기회는 더 열려 있으며 도전은 심히 어렵다는 점을 더 강조할 필요는 없을 듯합니다. 미국은 이제 전 세계적 영향력을 가진 유일한 국가입니다. 거의 모든 곳에 개입하죠. 지배를 위한 미국의 자원은, 결코 무한하지는 않지만, 막대합니다.

언제든, 어디서든, 변증법적으로, 대립적으로 제가 앞서 언급한 투쟁을 드러내고 설명하며, 강요된 침묵과 보이지 않는 권력의 정상화된 평온에 도전하고 이를 물리치는 것이 지식인의 역할입니다. 거대하고 거만한 권력 집단과 이 집단의 활동을 정당화하고 위장하고 신비화시키면서 또한 권력에 도전하거나 이의를 제기하는 것을 막기 위한 목적으로 이용되는 담론 사이에는 사회적이고 지적인 상응 관계가 있기 때문입니다.

피에르 부르디외와 그의 동료들은 1993년 『세계의 비참』La misère de monde(1999년 『세계의 무게: 현 사회의 사회적 고통』The Weight of the World: Social Suffering in Contemporary Society으로 영어로 번역되었죠)이라는 제목의 공동 작업물을 내놓았습니다. 프랑스 사회의 공적 담론의 오도된 낙관주의가 숨기고 있는 것에 관심을 기울이라고 정치가들에게 강력히 요청하기 위해서였죠. 그러므로 이러한 종류의 책은 거부하는 지식인의 역할이라 할 만한 것을 수행합니다. 부르디외를 따르자면 그 목적은 "과학의 권위" 또는 전문가에 "점점 기대며" 국가적 통합, 자존심, 역사, 전통 등에 호소해 사람들의 복종을 강제하는 "상징적 지배에 대항하는 방편을 생산하고 유포하는 것"입니다. 인도와 브라질은 확실히 문화나 경제 분야에서 영국이나 미국과 다릅니다. 그러나 이러한 차이가 더 큰 유사점—예컨대 기술, 사람들을 굴종시키는 착취나 억압—을 가릴 수는 없습니다. 불의에 지적으로 대항하기 위해 난해하고 상세한 정의의 이론을 항상 제시할 필요는 없다는 걸 덧붙이고 싶습니다. 원하기만 한다면 국가 당국이 준수하는 협약, 조약서, 협정, 결의문 등이 이미 잘 축적된 정의에 대한 국제적 보고寶庫이기 때문입니다. 그리고 같은 맥락에서 저는 극단적 포스트모더니즘의 입장(리처드 로티가 경멸조로 "강단 좌파"라 부른 그 애매한 가상의 적과 홀로 맞서 싸우며 취한 입장이죠)에도 반대합니다. 이 입장을 지지하는 이들은 제재 조치 동안 이라크에서 일어났던 인종 청소나 집단 학살, 고문, 검열, 기근, 무지(이들 대부분은 신이 아니라 인간이 저지른 일들입니다) 같은 문제에 봉착했을 때 인권은 문화적이고 문법적인 사항이리 주장합니다. 또 이들은 인권이 침해당했을 경우에도, 인권은 우리가 마주칠 수 있는 것들처럼 실제적이라 생각하는 저 같은 투박한 토대주의자foundationalists가 인권에 부여한 지위를 인정하지 않지요.

탈정치화되거나 미학화된 복종은 때론 승리주의나 외국인혐오증의 형태를 취하기도 하고 때론 냉담함이나 좌절의 형태를 취하기도 하면서, 무엇보다 1960년대부터 이어져오는 민주적 참여("안정성에 대한 위협"이라고도 알려진)를 향한 욕망 속에 살아있는 감정들을 누그러뜨려야 했습니다. 이에 대해서는 냉전이 종식되기 10년 전 삼각위원회*의 명령으로 공동 집필된 『민주주의의 위기』The Crisis of Democracy에 충분하고 분명하게 드러나 있습니다. 이 책은 너무나 지나친 민주주의는 통치력에 안 좋은 영향을 준다고 주장합니다. 통치력이란 기술 또는 정책 전문가들이 사람들을 일렬로 세우기 쉽도록 수동성을 공급하는 일입니다. 그러므로 공인된 전문가가 나서서 우리 모두가 원하는 자유는 규제 완화와 민영화 또는 전쟁을 필요로 하며, 새로운 세계질서는 결국 역사의 종언이라는 내용을 끊임없이 교육한다면, 이 질서 자체를 개인적이고 나아가 집합적인 요구와 더불어 검토할 가능성은 매우 낮아집니다. 촘스키가 지난 몇 년간 지속적으로 발언해온 것도 바로 이 마비된 증후군이지요.

    미국에서 겪은 제 개인적 경험에 근거해 이러한 변화들이 개인들에게 얼마나 만만치 않은 도전인지, 무위無爲로 빠지는 것이 얼마나 쉬운지 말씀드려 보겠습니다. 심각하게 몸이 아프면, 여러분은 갑자기 엄청나게 비싼 의약품의 세계로 던져집니다. 이들 대부분은 여전히 실험 중에 있고 FDA의 승인이 필요한 약의 세계로 던져집니다. 실험적 약물이 아니고 특별히 새로운 약이 아니어도(스테로이드나 항생제처럼) 목숨을 구할 수 있다면, 터무니없이 비싼 약값도 효험에 비한다면 낮은 가격이라고 여기곤 합니다. 그러나 문제를 더 자세히 들여다보면, 만연한 기업 논리와 마주하게 됩니다. 실제 제조 비용은 적지만(대개 무척 적지요), 막대한 연구 비용을 향후 판매에서 벌충해야만

한다는 논리이지요. 그리고 이어 대부분의 연구 비용은 정부 보조금의 형태로 회사로 들어온다는 걸 발견하게 됩니다. 이 돈은 물론 시민들이 내는 세금에서 옵니다. 여러분이 전도유망하고 진보적인 생각을 가진 후보자(예컨대 빌 브래들리)에게 공금의 남용에 대해 질문을 던진다고 생각해보면, 금세 왜 그런 후보자들이 의문을 제기하지 않는지 이해하시게 될 겁니다. 머크Merck나 브리스톨 메이어Bristol Meyers 같은 제약회사에서 엄청난 선거 기부금을 받은 후보자들이 자신들의 후원자들을 거스를 리 만무합니다. 그러니 여러분들은 계속 세금을 내고 살아가면서, 운이 좋아 보험에 가입해 보험회사가 약값을 내주리라 기대할 수밖에요. 그러나 곧 여러분은, 누가 값비싼 약물과 검사를 받을 것인지, 무엇이 허가되고 안 되는지, 어느 기간 동안 어떤 상황에서인지를 결정하는 것은 보험회사의 회계사라는 것을 깨닫게 되고, 환자의 고유한 인권 선언에 다름 아닌 기본적 보호 장치가 여전히 의회의―엄청난 이윤을 내는 보험회사의 로비가 지칠 줄 모르고 계속되고 있지요― 통과를 거치지 않았다는 사실을 깨닫게 됩니다.

    요컨대 제가 말하고 싶은 것은, (프레드릭 제임슨처럼) 이론적 차원에서 체계를 이해하려 하거나 사미르 아민이 탈구적 대안delinking alternatives이라 부른 것을 정식화하려는 영웅적 시도들조차도, 시민으로서 우리가 속해 있는 지금 이 상황 속에서의 실제적인 정치적 개입을 상대적으로 간과하기 때문에 그 토대가 치명적으로 위협받게 된다는 점입니다. 개입, 이것은 단순히 개인적인 것이 아닙니다. 보다

---

* Trilateral Commision: 1973년 7월에 설립된 민간 조직으로 삼변회로 불리기도 한다. 미국, 일본, 유럽의 긴밀한 협조를 고취할 목적으로 설립되었다.

넓은 범위의 적대적·저항적 움직임의 중요한 일부입니다. 지식인으로서 우리는 분명 전 지구적 체계에 대한 실질적인 이해 또는 밑그림을 가지고 있습니다. (상당 부분은 세계와 지역의 역사가들인 월러스틴, 안워 압델 말렉, 자넷 아부-루고드, 피터 그란, 알리 마즈루이, 윌리엄 멕닐 덕택이지요.) 그렇지만 하나 또는 그 이상의 특정 지리학이나 배치 또는 문제틀 속에서 체계와 직접 대면하게 될 때, 투쟁이 가능하고 나아가 승리를 바라볼 수 있게 됩니다. 제가 말하는 종류의 연대기는 브루스 로빈스의 『전 지구적인 것을 느끼기: 위기 속의 국제주의』*Feeling Global: Internationalism in Distress* (1999), 티모시 브레넌의 『세계 속의 집에서: 지금의 세계주의』*At Home in the World: Cosmopolitanism Now*(1997), 닐 라자루스의 『탈식민주의적 세계에서 민족주의와 문화적 실천』*Nationalism and Cultural Practice in the Postcolonial World*(1999) 같은 책에서 경탄할 만하게 논의되고 있습니다. 이 책들은 모두 자의식적인 지역성과 고도로 뒤섞인 짜임을 가지고 있습니다. 이는 진정 비판적인(그리고 투지 넘치는) 지식인이 현 세계를 인식하는 예시이며, 이들과 유사한 다른 작업들이 쌓아올리고 있는 더 큰 틀거리의 한 부분을 차지합니다. 이들이 제시하는 것은 20년 전만 해도 분별할 수 없었고 심지어 보이지도 않았지만, 전통적 제국이 붕괴되고, 냉전이 종식되고, 사회주의적, 비동맹적 블록이 무너지고 세계화라는 흐름 속에 남과 북의 변증법이 부상하고 있는 이 시기의 문화연구나 인문학 분야가 외면할 수 없는 경험의 지도입니다.

  제가 몇몇 분의 이름을 거론한 이유는 그분들의 기여가 얼마나 중요했는가를 밝히기 위해서이기도 하지만, 이들을 이용해 곧바로 집합적 관여라는 구체적인 영역으로 넘어가기 위해서였습니다. 부르디외를 마지막으로 인용하자면, 이곳은 "집합적 창조"의 가능성이 있는 곳이죠. 부르디외는 이렇게 말합니다.

비판적 사고라는 건축물 전체는 비판적 재구축을 필요로 한다.
이 재구축 작업은 과거에 몇몇 이가 생각했듯, 고유의 사상이라는
단독적 자원을 가진 주요 사상가, 위대한 단독적 지식인의 힘으로
가능하지 않으며, 한 집단이나 단체로부터 권한을 부여받아 집단과
단체의 이름으로, 대변자나 조합, 정당의 도움 없이 말하리라
여겨지는 대표자의 힘으로 가능하지도 않다. 바로 여기에서
집합적 지식인[부르디외가 개인들을 일컫는 말로, 평범한 주제에
대한 이들의 연구와 참여의 총합이 특별한 집합성을 구성한다]은
현실주의적 유토피아를 집합적으로 생산하기 위한 사회적 조건의
창출을 돕는 둘도 없는 역할을 하게 된다.

저는 여기서 지식인이 추구할 어떠한 종합적 계획이나 청사진, 거대
이론이 부재하다는 사실, 인간 역사가 움직여 가리라 여겨지는
유토피아적 목적론이 부재하다는 사실을 강조하고 싶습니다. 그러므로
우리는 목표를 귀추적으로(가설발생적으로)abductively 창조합니다. 라틴어
단어인 "인벤티오"invento의 뜻에 충실하게, 요컨대 휘갈겨 쓰다가 무엇을
창조한다는 식으로 창조를 낭만적으로 사용하는 것과는 반대로,
수사학자들이 과거 수행의 재발견 또는 재조립을 강조하면서 사용했던
것과 같은 방식입니다. 말하자면 알려진 역사적·사회적 사실로부터
더 나은 상황에 대한 가설을 세우는 것입니다. 이렇게 되면 실제로
지적 수행이, 제가 좀 전에 언급한 대립의 감각과 적극적 참여의 감각
모두를 실행하면서, 전 방위로, 많은 장소에서, 많은 문체로 가능하게
됩니다. 따라서 영화, 사진, 심지어 음악은 모든 종류의 글쓰기 예술과
함께 이러한 행위의 면면이 됩니다. 지식인으로서 우리가 하는 일
가운데 하나는 상황에 대한 정의를 내리는 것뿐 아니라, 활동적

개입의 가능성을, 말하자면 우리가 그것을 우리 안에서 실행할 것인지 이전 사람들이나 지금 작업하고 있는 이들 속에서 이러한 가능성을 찾아낼 것인지를 분간해내는 것입니다. 경계하는 이로서 말입니다. 낡은 지방주의provincialism—예를 들자면, 17세기 초 영국 문학 전공자 같은—는 사라지고, 솔직히 말하자면 이제는 지루하고 불필요하게 중립적인 것이 됩니다. 이제 가정은 이렇게 되어야만 합니다. 즉 우리가 모든 것을 하거나 알 수는 없다 하더라도, 변증법적으로 설명할 수 있는 근래의 투쟁, 긴장, 문제의 요소들을 분별하고 또한 다른 이들이 이와 유사한 문제를 가지고 공통의 기획 속에서 일한다는 것을 언제나 인식할 수 있어야 한다고 말이죠. 저는 경이로울 정도로 영감을 주는 애덤 필립스의 근저 『다윈의 벌레들』Darwin's Worms에서 제가 말하고 있는 것과 유사한 점을 발견했습니다. 이 책은 초라한 지렁이에 대한 다윈 평생의 관심이 하나 또는 그 이상의 전체를 반드시 보지 않고서도 자연의 다양성과 뼈대를 표현하는 지렁이의 능력을 알아냈다고 밝히면서, 지렁이 연구를 통해 "창조 신화를 세속적 보존 신화"(Phillips, 46)로 대체했다고 논하고 있습니다.

    그러한 투쟁이 어디서 그리고 어떠한 형태로 지금 일어나고 있는지 일반화할 수 있는 진부하지 않은 방법이 있을까요? 저는 이들 투쟁 가운데 지적 개입과 진중한 노고가 필요한 세 가지만 이야기해볼까 합니다. 그 첫 번째는 과거의 사라짐을 막고 미리 예방하는 것입니다. 급속한 변화와 전통의 재정식화가 일어나고 역사의 불온한 부분을 삭제해 단순하게 구성하는 가운데, 과거의 사라짐은 벤저민 바버가 "지하드 대 맥월드"라 일소에 정의한 논쟁의 한복판에서 일어나고 있습니다. 지식인의 역할은 공식적 기억과 국가적 정체성, 사명을 위해 전투원이 제시하는 것과는 다른 대안적 서사와 다른 역사적 관점을 제시하는 것입니다. 적어도 니체 이후, 역사의 기록과 기억의 축적은 많은 점에서 권력의 전략을 안내하고 그 진행을 기록하는, 권력의 기본적 토대 가운데 하나로 여겨져왔습니다. 예컨대 톰 세게브, 피터 노빅, 노먼 핀켈슈타인* 같은 이들의 논의가 보여주듯, 과거의 고통으로서의 홀로코스트가 무시무시하게 착취되는 것을 살펴봅시다. 동시에 역사적 반환과 배상이라는 영역 안에서 충분히 로비할 힘을 갖지 못해 방기되고 폄하되는 여타의 역사적 경험들도 떠올려보면, 중요한 경험의 가치가 불공정하게 훼손되고 축소되고 망각되고 있음을 알 수 있습니다. 지금 필요한 것은, 역사가 신이나 권력이 결정한 법칙에 따라 비인격적으로 움직여간다는 결론으로 향하지 않도록 하면서, 역사의 다원성과 복합성을 분명하게 밝혀줄 차분하고 과장없는 역사들입니다.

두 번째의 투쟁은 지적 노력을 통해 전투의 영역이 아닌 공존의 영역을 구축하는 것입니다. 탈식민화에서 얻은 중요한 교훈이 있습니다. 자유를 위한 목적은 고귀했지만, 억압적 민족주의자들이 식민 지배를 대체하는 것을 충분히 막아내지 못했고, 비동맹 운동의 수사적 노력에도 불구하고 그 과정 자체가 곧 냉전에 포획되어버렸습니다. 이보다 더 심각한 것은 탈식민화 자체가 작은 학계 산업으로 인해 축소되고 심지어 사소해져버렸다는 점입니다. 학계는 탈식민화를 양가적 적대자들 사이의 애매모호한 전투로 간단히 둔갑시켜버렸습니다. 우리들 가운데 많은 이들이 스스로 참여했다고 느끼는 정의와 인권을 향한 투쟁을 위해서는, 자원 재분배의 필요성을 강조해야 하고 인간의 삶을 일그러지게 하는

---

* 홀로코스트 담론이 유대인들의 돈벌이에 이용되고 있는 등의 이유를 들어, 이런 상황을 비판한 유대인 학자들.

권력과 자본의 거대한 축적에 반대하는 이론적 주장에 지지를 보내야
합니다.

평화는 평등 없이 존재할 수 없습니다. 이는 절박하게 반복하고
표명하고 심화해야 하는 지적인 가치입니다. 동의라는 감언이설,
논쟁적이지 않은 칭송, 감정적 승인에 둘러싸여 있거나 나아가 푹
빠져버리게 되는 것, 이것이 평화라는 단어 자체가 빠지기 쉬운
함정입니다. 국제 미디어는(최근 이라크에서 벌어진 승인받지 않은 전쟁의 경우도
마찬가지인데요) 이러한 것들을 무비판적으로 확대하고 장식해, 평화와
전쟁을 쾌락과 즉각적 소비를 위한 스펙터클로 여기는 시청자들에게
망설임 없이 전송했습니다. "전쟁"이나 "평화" 같은 단어들을 요소들로
분해하고, 권력이 결정했던 평화 과정에서 빠진 부분을 회복시켜, 이렇게
누락된 현실을 다시 중심으로 가져오는 데에는 상당한 용기와 노력,
지식이 필요합니다. 마이클 이그나티에프*처럼 인자한 제국주의라는 기치
아래 먼 곳의 민간인들을 파괴와 죽음으로 몰아넣는 "자유주의자들"을
위한 규범적인 논문을 쓰는 것보다 더한 용기와 노력, 지식이 필요합니다.
지식인은 양심이 눈을 돌리거나 잠들지 않도록 할 대항담론을 가진,
아마도 대항 기억적인 인물이라 할 수 있을 것입니다. 최고의 구제책은
존슨 박사가 말했듯이 당신과 토론할 사람을—이라크의 경우엔 머리
위로 폭탄이 떨어질 사람이겠죠—당신 앞에서 당신의 글을 읽는
누군가를 상상하는 것입니다.

여전히 역사가 끝나지 않았고 완전하지 않듯, 어떤 변증법적
대립들은 화해가능하지 않으며 초월가능하지도 않으며 좀 더 높은
차원의, 의심할 바 없이 더 고귀한 종합으로 포개어 들어갈 수도
없습니다. 제가 들고 싶은 세 번째의 예시는, 저에게는 가장 절절한,
팔레스타인을 둘러싼 투쟁입니다. 제가 언제나 그렇게 믿어왔듯, 이

문제는 단순히 국경선을 기술적으로 재배치하거나 또는 궁극적으로는 문지기를 바꾸는 식으로는, 쫓겨난 팔레스타인 사람들에게 권리(그런 정도지만)를, 그들 땅의 20퍼센트에 해당하는 곳 안에 살도록 하는 권리를 부여하는 것으로는 해결될 수 없습니다. 이스라엘에 둘러싸여 완전히 그에 종속되게 하는 셈이니까요. 반대로 이스라엘 사람들이 이전의 팔레스타인 땅이었으나 이제는 이스라엘의 땅인 곳을 떠나 팔레스타인 사람들처럼 다시 난민이 되어야 한다는 주장 역시 도덕적으로 합당하지 않습니다. 이 난국에 대한 해결책을 찾아보았지만, 뾰족한 수는 없었습니다. 왜냐하면 이것은 손쉬운 권리 대 권리의 문제가 아니기 때문입니다. 누군가의 땅과 유산을 송두리째 빼앗는 일은 정당할 수가 없습니다. 유대인 역시 제가 고통의 공동체라 부른 것에 해당하는 사람들이며 거대한 비극의 유산을 지니고 있습니다. 그러나 언젠가 제 앞에서 팔레스타인 점령은 필연적이라 주장했던 이스라엘의 사회학자인 지브 스터넬*의 주장에는 동의할 수 없습니다. 이 언급은 팔레스타인의 실제적 고통 그리고 그 나름의 비극에 대한 감각에 상처를 가할 뿐입니다.

겹쳐 있으나 화해가 불가능한 경험은 지식인에게 그것이 우리 앞에 놓여 있는 것이다라고 용기 있게 말하라고 요청합니다. 아도르노가 자신의 작품 전체를 통해 현대 음악은 그 음악을 낳은 사회와 결코

---

* Michael Ignatieff(1947~): 영화제작자, 역사학자이자 캐나다의 정치인으로 캠브리지, 옥스퍼드, 하버드 대학에서 가르치기도 했다. 분쟁 지역에 대한 서구의 개입을 옹호하는 대표적인 논객으로 이라크 침공을 열렬히 찬성한 인물이다.
* Zeev Sternhell(1935~): 이스라엘의 역사학·사회학자로 세계에서 가장 손꼽히는 파시즘 연구가이다.

화해할 수 없으나, 강렬하고 때로 절망적으로 창작된 형식과 내용 속에서 도처의 비인간성에 대한 침묵의 증인으로 행위한다고 말했던 것과 흡사하게 말이죠. 개인의 음악적 작업이 사회적 배경과 동화된다는 것은 틀렸다라고 아도르노는 말합니다. 지식인이 임시로 거하는 집은 유감스럽게도 그 안에서 누구도 후퇴하거나 해결책을 찾을 수 없는 긴급하고 저항적이며 비타협적인 예술의 영역이라는 생각으로 저는 끝을 맺겠습니다. 그러나 오직 이 불안정한 추방의 장소 속에서 포착될 수 없는 것의 어려움을 진정으로 먼저 포착할 수 있으며 어찌 되었든 애쓰며 앞으로 나아갈 수 있는 것입니다.

참고문헌
옮긴이의 글
찾아보기

참고문헌

1. 인문주의의 영역

Bellow, Saul. "health, Sex, Race, War." Foreword to *the Closing of the American Mind*, by Allan Bloom. (New york: Simon and Schuster, 1987).

_____.*Mr. Sammler's Planet*. (New York: Viking Press, 1970).

Clifford, James. Review of *Orientalism*. *History and Theory* 19, no.2 (February 1980): pp.204~23. Reprint. "On Orientalism." In *The Predicament of Culture: Twentieth-Century Ethnography, Literature, and Art*, by James Clifford, 255~76. (Cambridge MA: Harvard University Press, 1988).

Crane, R. S. *The Idea of the Humanities and Other Essays Critical and Historical*. 2 vols. (Chicago: University of Chicago Press, 1968).

Eliot, T. S. *After Strange Gods: A Primer of Modern Heresy*. (London: Faber and Faber, Limited, 1934).

Foner, Eric. *The Story of American Freedom*. (New York: W. W. Norton & Company, 1999).

Gray, John. *Straw Dogs: Thoughts on Human and Other Animals*. (London: Granta, 2002); 『하찮은 인간: 호모 라피엔스』(김승진 옮김, 이후, 2010).

Heidegger, Martin. "Letter on Humanism." In *Martin Heidegger: Pathmarks*, ed. W. McNeil, (Cambridge: Cambridge University Press, 1998); 「휴머니즘 서간」, 『이정표』제2권 (이선일 옮김, 한길사, 2005).

Hofstader, Richard. *Anti-Intellectualism in American Life*. (New York: Random House, 1966).

James, Henry. "Matthew Arnold." In *Literary Criticism: Essays on Literature, American Writers, English Writers*, ed. Leon Edel and Mark Wilson, pp. 719~31. (New York: Library of America, 1984).

Lears, T. J. Jackson. *No Place of Grace: Antimodernism and the Transformation of American Culture, 1880~1920.* (Chicago: University of Chicago Press, 1981).

Miyoshi, Masao. "Globalization, Culture, and the University." In *Cultures of Globalization*, ed. Masao Miyoshi and Fredric Jameson, pp.247~70. (Durham: Duke University Press, 1998).

_____. "Ivory Tower in Escrow." *boundary 2* 27, no. 1 (Spring 2000): pp.8-50.

_____. " The University and the 'Global' Economy: The Cases of the United States and Japan." *South Atlantic Quarterly* 99, no. 4 (2000): pp. 669-96.

Ohmann, Richard. *English in America: A Radical View of the Profession.* (Oxford: Oxford University Press, 1976).

Ortegay Gassett, José. *Velasquez, Goya, and the Dehumanization of Art.* (New York: W. W. Norton & Company, 1972).

Poirier, Richard. *The Renewal of Literature: Emersonian Reflections.* (New York: Random House, 1987).

Shattuck, Roger. *Forbidden Knowledge: From Prometheus to Pornography.* (New York: St. Martin's Press, 1996).

Snow, C. P. *The Two Cultures.* (Cambridge: Cambridge University Press, 1959); 『두 문화』 (오영환 옮김, 사이언스북스, 1996).

Spitzer, Leo. *Linguistics and Literary History: Essays in Stylistics.* (Princeton, N. J.: Princeton University Press, 1948).

Vico, Giambattista. *The New Science of Giambattista Vico: Revised Translations of the Third Edition of 1744.* Trans. Thomas G. Bergin and Max H. Fish. (Ithaca: Cornell University Press, 1984); 『새로운 학문』 (이원두 옮김, 동문선, 1997).

2. 인문학 연구와 실천의 변화하는 토대

Appadurai, Arjun. *Modernity at Large: Cultural Dimensions of Globalization.* (Minneapolis: University of Minnesota Press, 1996); 『고삐풀린 근대성』 (차원현 외 옮김, 현실문화연구, 2004)

Cavafy, Constantine P. "Waiting for the Barbarians." In *Before Time Could Change Them: The Complete Poems of Constantine P. Cavafy.* Trans. Theoharis Constantine Theoharis. (New York: Harcourt, 2001).

Frye, Northrop. *The Anatomy of Criticism.* (Princeton: Princeton University Pres, 1957); 『비평의 해부』 (임철규 옮김, 한길사, 2000).

Saunders, Frances Stonor. *Who Paid the Piper? The CIA and the Cultural Cold War.* (London: Granta, 1999).

Viswanathan, Gauri. *Masks of Conquest: Literary Study and British Rule in India.* (New York: Columbia University Press, 1989).

Wallerstein, Immanuel. "Eurocentrism and its Avatars." *New Left Review* 226 (November/December 1997): 93~107.

3. 문헌학으로의 회귀

Barber, Benjamin. *Jihad Versus McWorld: How Globalism and Tribalism Are Reshaping the World*. (New York: Ballantine, 1996); 『지하드 대 맥월드』 (박의경 옮김, 문화디자인, 2003).

Bourdieu, Pierre. *The Weight of the World: Social Suffering in Contemporary Society*. (Cambridge: Polity Press, 1999); 『세계의 비참 1, 2』 (김주경 옮김, 동문선, 2000, 2002).

Deutscher, Isaac. *The Non-Jewish Jew*. Ed. and intro. Tamara Deutscher. (London and New York: Oxford University Press, 1968.)

Emerson, Ralph Waldo. *Essays: First and Second Series*. (New York: Vintage Books, 1990).

Foster, E. M. *Howard's End*. (New York: Penguin Classics, 1988).

Harlan, David Craig. *The Degradation of American History*. (Chicago: University of Chicago Press, 1997).

Hobsbawm, Eric J. *The Age of Extremes, 1914~91*. (London: Michael Joseph, 1994); 『극단의 시대』 (이용우 옮김, 까치, 1997).

Poirier, Richard. *The Renewal of Literature: Emersonian Reflections*. (New York: Random House, 1987).

Rorty, Richard. *Achieving Our Country: Leftist Thought in Twentieth Century America*. (Cambridge, Mass.: Harvard University Press, 1998); 『미국 만들기』 (임옥희 옮김, 동문선, 2003).

Scarry, Elaine. *On Beauty and Being Just*. (Princeton, N.J.: Princeton University Press, 1999).

Spitzer, Leo. "Linguistics and Literary History." In *Linguistics and Literary History: Essays in Stylistics*, by Leo Spitzer, pp.1~39. (Princeton, N.J.: Preinceton University Press, 1948).

4. 에리히 아우어바흐의 『미메시스』

Auerbach, Erich. "Epilegomenon zu Mimesis." *Romanische Forscungen* 65 (1953).

_____. "Figura." In *Scenes From the Drama of European Literature*. (Minneapolis: University of Minnesota Press, 1984).

_____. *Dante: Poet of the Secular World*. (Chicago: University of Chicago Press, 1961).

_____. *Literary Language and Its Public in Late Latin Antiquity and in the Middle Ages*. Trans. Ralph Manheim. (Princeton, N.J.: Princeton University Press, 1993).

_____. *Mimesis: The Representation of Reality in Western Literature*. Trans. Willard R. Trask, intro. Edward Said. (Princeton, N.J.: Princeton University Press, 2003); 『미메시스: 서구문학에 나타난 현실묘사』 (김우창, 유종호 옮김, 민음사, 고대중세편: 1987; 근대편: 1999)

_____. "Philologie der Weltliteratur." Trans. Edward Said and Maire Said. *Centennial Review* 13 (1969).

Green, Geoffrey. *Literary Criticism and the Structures of History: Erich Auerbach and Leo Spitzer*. (Lincoln: University of Nebraska Press, 1982).

Lowry, Nelson, Jr. "Erich Auerbach: Memoir of a Scholar." *Yale Review* 69, no. 2 (Winter 1980).

Vico, Giambattista. *The New Science of Giambattista Vico*. Trans. Thomas Goddard Bergin and Max Harold Fish. (Ithaca, N. Y.: Cornell University Press, 1984).

NYU Press, 1999).

Williams, Raymond. *A Vocabulary of Culture and Society*. (New York: Oxford University Press, 1976).

5. 작가와 지식인의 공적역할

Bourdieu, Pierre. *The Weight of the World: Social Suffering in Contemporary Society*. (Cambridge: Polity Press, 1999); 『세계의 비참 1, 2』(김주경 옮김, 동문선, 2000, 2002).

Brennan, Timothy. *At Home in the World: Cosmopolitanism Now*. (Cambridge MA: Harvard University Press, 1997).

Casanova, Pascal. *La republique mondiale des lettres*. (Paris: Seuil, 1999).

Crozier, Michel, Samuel P. Huntington, and Joji Watanuki. *The Crisis of Democracy*. (New York: New York University Press, 1975).

Dezelay, Yves, and Bryant G. Garth. *Dealing in Virtue: International Commercial Arbitration and the Construction of a Transnational Legal Order*. (Chicago: University of Chicago Press, 1996); "L'impérialisme de la vertu." Le monde diplomatique (May 2000). http://www.mondediplomatique.fr/2000/05/에서도 찾아볼 수 있다.

Lazarus, Neil. *Nationalism and Cultural Practice in the Postcolonial World*. (New York: Cambridge University Press, 1999)

Phillips, Adam. *Darwin's Worms*. (New York: Basic Books, 2000).

Robbins, Bruce. *Feeling Global: Internationalism in Distress*. (New York:

옮긴이의 글

『저항의 인문학』(원제: 인문주의와 민주적 비판 Humanism and Democratic Criticism)은 에드워드 사이드가 생전에 완성한 마지막 책이다. 백혈병과 싸우던 말년의 그가 2000년과 2003년에 걸쳐 각각 컬럼비아 대학과 영국의 캠브리지 대학에서 했던 강의들을 묶은 이 책은, 9/11과 심화된 전 지구적 자본주의라는 '변화' 속에서 인문주의란 무엇인가 혹은 무엇이어야 하는가라는 절실한 질문에 대한 사이드의 대답이다. 사이드에게 이 질문은 긴급하고도 긴요하다는 뜻 그대로, 절실한 것이었다. 비평은 "현실이나 역사적 삶과 결코 분리될 수 없으며 따라서 세속적이고 고통스러운 것"이라 생각해온 그에게, 전쟁과 테러, 불평등으로 얼룩진 지금의 세계는 인문학자가 피해갈 수 없는 또 하나의 현실이었다. 동시에 "인간"을 위한다는, "자유"를 위해서라는, 인문주의적 이상이 전쟁을 위해 동원되고 오염되는 상황에서 인문주의적 언어를 구제하는 것 역시 그에게는 외면할 수 없는 시급한 과제였다.

사이드에게 인문주의는 곧, 비판의 정신이다. 사이드의 인문주의는 인간의 역사와 그 역사를 만든 인간의 노동과 행위를 다루며, 과거와 현재에 대한 인간의 오독이나 오해를 비판적으로 검토하는 것이다. 그러므로 이것은 15~16세기 유럽의 문예부흥, 17세기 데카르트를 위시한 근대적 합리주의, 18세기의 계몽사상까지 이어지는 서구 중심의 인본주의 내지 인문주의와는 다른 것이며, 이러한 특정 시대, 특정 문화적 맥락 속에서 탄생한 서구의 인문주의 역시 비판적으로 고려할 수 있는 정신의 힘이다. 이를 두고 사이드는 "인문주의의 이름으로 인문주의에 비판적일 수 있다"고 밝히고 있다. 비판은 그에게 끊임없이 질문하는 것이며, 현실에 열려 있는 것이며, 민주주의적 자유의 형식이다.

사이드의 인문주의는 또한 언어에 대한 헌신이다. 그는 역사 속 언어의 산물들을 이해하고 다른 언어와 다른 역사를 재해석하기 위해, 한 사람의 능력을 언어에 헌신하는 것을 인문주의로 정의한다. 사이드에 따르면 언어는 "사회적, 문화적 운명에 대한 이견異見을 등록할 수 있는 장소이며, 부주의한 언어들에 반대할 수 있는 힘"이다. 이러한 인문주의적 정신을 통해 그는 '인간'과 '자유', '해방'이라는 단어가 오염되고 있는 미 백악관 기자회견장으로, 인문주의를 곧 엘리트적인 것으로 이해했던 미국 비평사의 흐름들 속으로 옮겨 다닌다. 언어에의 헌신을 그 필생의 고려로 삼는 문헌학적 작업의 중요성이 강조되는 것은 당연한 귀결이다.

사이드에게 인문주의는 저항의 정신이자 실천이기도 하다. 이는 세계화, 신자유주의적 가치, 신 제국주의적 야망이 사람들의 삶과 사유에 상처를 가하는 시대에, 정밀하고 주의 깊은 독해와 숙고를 통해 세계에 관여하는 것이며 "더 나은" 현실을 향한 희망을 포기하지 않는 것이다. 사이드는 그 본성상 개인적인 체험인 독해의 주관성에 한계를 부여하는 시대의 요구를 책임이라 규정하면서, 이러한 책임 속에서 읽고 사유하고 쓰는 것을 인문주의적 저항으로 이해한다. 저항의 언어는 끊임없이 스스로 의미를 분명히 하면서 고착화된 관용어의 쓰임을 경계하는 것이며, 완전하지 못한 인간 정신의 필연적 결함을 인정하면서도 그 움직임을 멈추지 않는 자기-비판의 언어이다.

사이드의 인문주의는 구조주의와 탈구조주의가 휩쓸고 지나간 자리에 그저 다시 인간을 불러들이는 '선의에 찬 감상'처럼 비칠 수도 있고, 그가 미국의 대학을 인문주의적 저항의 거점으로 본다는 점을 들어 그 '선의'에 대해 의심의 눈길을 보낼 수도 있다. 사이드의 공과를 판단하는 것은 독자의 몫이다. 그러나 그가 자신이 속한 시대와 장소의 한계를 넘나들면서 "배움과 헌신, 도덕적 비전"(사이드가 에리히 아우어바흐에 대해 했던 말을 사이드에게로 되돌리자면)을 가지고 작업했던, 비판적 인문주의적 정신의 전형이라는 점은 분명하다. 평생 정착할 고향을 두지 못했던(혹은 않았던) 사이드가 임시적으로 거한 곳은 아마도 예술이었을 것이다. 그가 마지막 장에서 밝히고 있듯, 그곳은 "긴급하고 저항적이며 비타협적인 예술의 영역"이다. 예술은 역사에 의존하면서도, 역사로 환원되지 않는 지점에서 역사적 힘들과 해결되지 않는 변증법적 관계에 놓이며, 지식인은 예술과 역사 사이에 놓인 이러한 긴장을 유지하는 책임을 갖는다고, 사이드는 생각했다.

난해하고도 장황한, 그렇지만 아름답고 절절한 사이드의 문장들을 강연체에 적합하게 나누고 정리하느라 원문의 맛을 제대로 살리지 못한 점은 아쉬움으로 남지만, 문장과 문장 사이에 최대한 그 호흡이 느껴질 수 있도록 다듬었다. 여러모로 쉽지 않은 작업이었지만, 기꺼이 괴로워할만한 시간들이었다는 생각이 든다.

마지막까지 원고를 꼼꼼하게 점검해주신 마티 출판사 분들에게 진심으로 감사드린다.

2008년 5월

김정하

찾아보기

ㄱ

가세트, 오르테가 이 Ortega y Gasset - 40
가스, 브라이언 G. Bryant G. Garth - 166, 167
고디머, 나딘 Nadine Gordimer - 170, 171
구하, 라나지트 Ranajit Guha - 168
그라스, 귄터 Gunter Grass - 170
그리어, 저메인 Germaine Greer - 168
그린, 제프리 Geoffrey Green - 124
기븐스, 루크 Luke Gibbons - 168

ㄴ

노빅, 피터 Peter Novick - 185
니체, 프리드리히 Friedrich Nietzsche - 28, 47, 87, 88, 125, 148, 153, 185

ㄷ

데이비스, 안젤라 Angela Davis - 168
데즐레, 이브 Yves Dezelay - 166, 167
도렌, 마크 반 Mark van Doren - 22
도이처, 아이작 Isaac Deutscher - 109
뒤부아 W.E.B. DuBois - 105
듀이, 존 John Dewey - 23
듀피 F.W. Dupee - 22
드수자, 디네쉬 Dinesh D'Souza - 33
디킨슨, 에밀리 Emily Dickinson - 107
딘, 시머스 Seamus Dean - 168

ㄹ

라블레, 프랑수아 François Rabelais - 41, 43, 142, 150
러셀, 버트런트 Bertrand Russel - 170, 171
레비스트로스 Levi Strauss - 28
레빈, 조지 George Levine - 55
로렌스 D. H. Lawrence - 40
로웰, 로버트 Robert Lowell - 99
로티, 리처드 Richard Rorty - 110, 179
루이스, 버너드 Bernard Lewis - 78

리비스 F.R. Leavis - 35, 36, 71, 99
리어즈, 잭슨 Jackson Lears - 40, 41
리오타르, 장 프랑수아 Jean-Francois Lyotard
 - 29
리처즈 I.A. Richards - 71, 99

ㅁ

마르케스, 가브리엘 가르시아 Gabriel Garcia
 Marquez - 121, 171
마르크스, 카를 Karl Marx - 9, 28, 49, 429, 152
마푸즈, 나기브 Naguib Mahfouz - 93
막디시, 조지 George Makdis - 81
매튜선, 루푸스 Rufus Mathewson - 22
멘츄, 리고베르타 Rigoberta Menchu - 170, 171
모어, 토머스 Thomas More - 41
모어, 폴 엘머 Paul Elmer More - 38, 39
몽테뉴, 미셸 드 Michel de Montaigne
 - 41, 150
미요시, 마사오 Masao Miyoshi - 33, 34, 167, 168
밀러, 페리 Perry Miller - 42, 59

ㅂ

바르도, 브리짓 Brigitte Bardot - 39
바르쟁, 자크 Jacques Barzun - 22
바르트, 롤랑 Roland Barthes - 28
바버, 벤저민 Benjamin Barber - 111, 184
바흐, 요한 제바스티안 Johann Sebastian Bach
 - 44
방다, 줄리앙 Julien Benda - 63
배빗, 어빙 Irving Babbit - 38
버낼, 마틴 Martin Bernal - 82
버크, 케네스 Kenneth Burke - 71
벨로, 솔 Saul Bellow - 37, 38, 49
본, 랜돌프 Randolph Bourne - 23
볼프, 프리드리히 아우구스트 Friedrich August
 Wolf - 125
부르크하르트, 야코프 Jakob Burkhardt - 81, 153
브룩스, 클린스 Cleanth Brooks - 55, 71
블랙머 R. P. Blackmur - 60, 71, 98, 110

블룸, 앨런 Allan Bloom - 38~41, 48~50, 155,
 156, 199
비젤, 엘리 Elie Wiesel - 170, 171
빌그라미, 아킬 Akeel Bilgrami - 11

ㅅ

샤턱, 로저 Roger Shattuck - 38
샤피로, 마이어 Meyer Shapiro - 22
세게브, 톰 Tom Segev - 185
센, 아마르티야 Amartya Sen - 111, 177
소쉬르, 페르디낭 드 Ferdinand de Saussure - 28
소잉카, 윌레 Wole Soyinka - 170, 171
슐라이어마허 헤르만 Herman Schleiermacher
 - 125
스노우 C. P. Snow - 34, 35
스터넬 지브 Zeev Sternhell - 187
스턴, 프리츠 Fritz Stern - 22
스티글리츠, 조지프 Joseph Stieglitz - 111
스팀슨, 캐서린 Catharine Stimpson - 55
스프링건, 조엘 Joel Springarn - 23
스피처, 레오 Leo Spitzer - 29, 48, 95, 96, 98, 101,
 125, 133
시바와이 Sibawayh - 87

ㅇ

아널드, 매슈 Matthew Arnold - 39, 61
아레티노, 피에트로 Pietro Aretino - 41
아마드, 모하메드 시드 Mohammed Sid Ahmad
 - 168
아마드, 이크발 Eqbal Ahmad - 168
아마드, 카릴 이븐 Khalil ibn Ahmad - 87
아민, 사미르 Samir Amin - 181
아우어바흐, 에리히 Erich Auerbach
 - 24, 29, 60, 98, 120~158
아파두라이, 아르준 Arjun Appadurai - 69, 83
알리미, 세르주 Serge Halimi - 168
애덤스, 헨리 Henry Adams - 107
어쉬베리, 존 John Ashberry - 98
에라스무스 Desiderius Erasmus - 41

오노, 요코 Yoko Ono - 39
오먼, 리처드 Richard Ohmann - 37
오에, 겐자부로 Kenzaburo Oe - 131, 170
와트, 이언 Ian Watt - 99
월러스, 데이비드 David Wallace - 73
월러스틴, 이매뉴얼 Immanuel Wallerstein - 79, 80, 83, 182
월컷, 데렉 Derek Walcott - 170, 171
웨스트, 코넬 Cornell West - 168
웰렉, 르네 Rene Wellek - 71
웰즈 H. G. Wells - 40
이그나티에프, 마이클 Michael Ignatieff - 186

ㅈ

젤리히, 카를-루트비히 Karl-Ludwig Selig - 22
존스, 하워드 멈포드 Howard Mumford Jones - 55

ㅊ

차터지, 파르타 Partha Chatterjee - 168
체니, 린 Lynn Cheney - 33
치들, 메리-로즈 Mary-Rose Cheadle - 68

ㅋ

카바피, 콘스탄틴 Constantine Cavafy - 61
카사노바, 파스칼 Pascal Casanova - 170, 171
컬러, 조너선 Jonathan Culler - 55
콕번, 알렉산더 Alexander Cockburn - 168
콜, 조너선 Jonathan Cole - 7
쿠르티우스, 에른스트 로베르트 Ernst Robert Curtius - 125
쿤, 토머스 Thomas Kuhn - 68
크레인 R. S. Crane - 35
크리스텔러, 폴 오스카 Paul Oskar Kristellar - 22, 81
클리포드, 제임스 James Clifford - 10, 27, 28
키버드, 데클런 Declan Kiberd - 168
키아프, 앤드류 Andrew Chiappe - 22
키플링, 러드야드 Rudyard Kipling - 40
킴벌, 로저 Roger Kimball - 33

ㅌ

톰슨 E. P. Thompson - 71
트릴링, 라이오넬 Lionel Trilling - 22

ㅍ

파스, 옥타비오 Octavio Paz - 122, 170
포너, 에릭 Eric Foner - 23
포슬러, 카를 Karl Vossler - 125
포어스터, 노먼 Norman Foerster - 39
포이리어, 리처드 Richard Poirier - 29, 51, 88~92, 101
포터, 하워드 Howard Porter - 22
푸시, 네이션 Nathan Pusey - 55
푸코, 미셸 Michel Foucault - 10, 27, 28, 68, 98, 164, 172
프로이트, 지그문트 Sigmund Freud - 21, 28, 109
프리드먼, 토머스 Thomas Friedman - 111, 166
플레처, 앵거스 Angus Fletcher - 65
플로베르, 귀스타브 Gustave Flaubert - 98, 130, 135, 153, 154
피치노, 마르실리오 Marsilio Ficino - 41
핀켈슈타인, 노먼 Norman Finkelstein - 185
필립스, 애덤 Adam Phillips - 184
필저, 존 John Pilger - 99

ㅎ

하다스, 모지즈 Moses Hadas - 22
하이엣, 길버트 Gilbert Highet - 22
히트먼, 제프리 Geoffrey Hartman - 65
할런, 데이빗 David Harlan - 102
호프스태터, 리처드 Richard Hofstader - 39
홀, 스튜어트 Stuart Hall - 107
홉스봄, 에릭 Eric Hobsbawm - 116, 165
훅스, 벨 Bell Hooks - 168

저항의 인문학

에드워드 W. 사이드 지음
김정하 옮김

초판 1쇄 발행 2008년 6월 10일
개정판 1쇄 인쇄 2012년 10월 15일
개정판 1쇄 발행 2012년 10월 20일

발행처: 도서출판 마티
출판등록: 2005년 4월 13일
등록번호: 제2005-22호
발행인: 정희경
편집장: 박정현
편집: 이창연·강소영
마케팅: 김영란
디자인: 땡스북스 스튜디오

주소: 서울시 마포구 서교동 481-13번지 2층 (121-839)
전화: (02) 333-3110
팩스: (02) 333-3169
이메일: matibook@naver.com
블로그: http://blog.naver.com/matibook
트위터: http://twitter.com/matibook

Humanism and Democratic Criticism
Copyright © Edward W. Said, 2004
All rights reserved

This Korean translation published by arrangement with Edward W. Said
c/o The Wylie Agency (UK) through Milkwood Agency.

ISBN 978-89-92053-69-3 (94100)

값 15,000원